#

Hashtag

끌리는 이야기에는 전략이 있다

해시태그로
스토리를 디자인하라

천그루숲

끌리는 이야기에는 전략이 있다
해시태그로 스토리를 디자인하라

초판 1쇄 인쇄   2016년 11월 10일
초판 1쇄 발행   2016년 11월 20일

지은이 **이현**
펴낸이 **백광옥**
펴낸곳 **천그루숲**
등   록 2016년 8월 24일 제25100-2016-000049호

주소 (06990) 서울시 동작구 동작대로29길 119, 110-1201
전화 02-2238-9740   팩스 02-2238-9743
이메일 ilove784@gmail.com

인쇄 예림인쇄   제책 바다제책

ISBN 979-11-959019-1-3 (13320) 종이책
ISBN 979-11-959019-0-6 (15320) 전자책

이 도서의 국립중앙도서관 출판예정도서목록(CIP)은 서지정보유통지원시스템 홈페이지(http://seoji.nl.go.kr)와
국가자료공동목록시스템(http://www.nl.go.kr/kolisnet)에서 이용하실 수 있습니다.
(CIP제어번호 : CIP2016024939)

끌리는 이야기에는 전략이 있다

해시태그로 스토리를 디자인하라

이현 지음

천그루숲

"당신의 이야기를 삽니다."

춘천 아트마켓에서 '당신의 이야기를 삽니다'라는 제목으로 사람들의 관심을 끌어낸 작가의 가게가 있다. 이 가게의 흥미로운 점은 누군가의 이야기를 듣고 그 이야기가 마음에 들면 손님에게 자신의 작품인 그림과 사진을 이야기 값으로 준다는 것이다. 물론 손님들은 주제와 상관없이 자유롭게 이야기를 할 수 있지만, 주인은 그 이야기가 들을 만한 가치가 있는지를 판단해 좋다고 생각하면 이야기를 사는 것이다.

만약 당신이 아트마켓을 지나가다 이 가게에 들렀다고 생각해 보자. 그리고 작가의 그림과 사진이 너무 마음에 들어 당신의 이야기를 팔아보겠다는 마음을 먹었다고 하자. 그렇다면 당신은 어떤 이야기를 먼저 꺼낼 것인가? 주인의 마음을 사로잡을 당신만의 이야기가 떠오르는가?

우리는 상대의 마음을 사로잡기 위해 유명 디자이너가 만든 옷을 입기도 하고, 헤어·메이크업 디자이너가 추천해 주는 스타일로 화려하게 외모를 가꾸기도 한다. 이처럼 많은 시간과 비용을 투자해 외면의 모습을 가꾸지만, 정작 내면의 모습을 담아낼 수 있는 자신의 스토리를 가꾸는 데는 무관심하다.

'나는 평범하기 때문에 이야기할 만한 스토리가 전혀 없다'고 생각하거나 자신의 스토리는 면접을 볼 때나 자기소개를 할 때만 필요하다고 생각한다. 그리고 마치 오래된 책을 꺼내어 툭툭 먼지를 털어내듯 자신의 스토리를 전달한다.

하지만 누구에게나 스토리는 있다. 당신을 더욱 빛나게 만들어 줄 스토리가 분명히 있다. 비록 사회적으로 뛰어난 업적과 평가를 받는 유명 인사의 성공 스토리는 아니더라도, 당신의 스토리를 쉽고 보기 좋게 디자인해 전달한다면 충분히 상대의 마음을 움직일 수 있다.

이 책은 필자가 〈내 인생 첫 경험 쌓기 프로젝트〉를 진행하면서 얻은 스토리들을 기록하고, 재정리하는 과정에서 시작되었다. 생생한 경험을 통해 나만의 스토리를 만들고 활용하는 구체적인 방법을 담고자 노력했다. 어렵고 복잡한 스토리텔링 이론서가 아닌, 실제 우리 주변에서 흔히 볼 수 있는 사례를 공유해 독자의 공감대를 형성할 수 있도록 했다. 또한 SNS를 자주 사용하는 독자층에 맞춰 스토리를 뒷받침해 줄 수 있는 이미지와 스토리의 핵심을 전달하는 해시태그를 통해 독자 스스로도 스토리의 전체 흐름을 파악하며 해시태그를 실생활에 적용할 수 있도록 쉽게 구성했다.

1장에서는 해시태그 키워드를 통해 스토리의 윤곽과 키워드를 쉽게 읽어낼 수 있도록 이미지화시키는 방법을 담았다.

2장에서는 취향을 통해 자신을 나타낼 수 있는 키워드를 찾고, 그 안에 자신의 스토리를 담아내는 과정을 담았다.

3장에서는 스토리를 만드는 3단계 핵심 스킬을 알아보고, 그 안에 담겨 있어야 할 필수요소들을 실제 사례를 바탕으로 풀어봤다.

4장에서는 스토리를 만든 경험이 없거나 혹은 어떻게 스토리를 만들어야 하는지 모르겠다고 생각하는 사람들에게 당신의 스토리를 풍부하게 만드는 방법을 공유했다.

5장에서는 일상생활에서 스토리를 찾아내고 의미를 부여해서 당신만의 빛나는 스토리를 만들 수 있도록 시간 · 장소 · 사물 · 키워드를 활용한 스토리 만들기 노하우를 담았다.

이 책을 통해 자신의 흩어져 있던 스토리를 찾고, 때와 목적에 맞는 해시태그 키워드로 스토리를 잘 정리design하게 될 것이다. 평범한 사람도 자신을 더욱 빛나게 할 스토리를 만들게 될 것이며, 언제든 자신의 스토리를 자신있게 꺼내 자랑하고 싶은 마음이 드는 자신의 모습을 발견하게 될 것이다.

스토리 디자이너 이현

나: "엄마, 트렌치 코트 좀 주세요."

엄마: "뭐? 뭔 코트?"

나: "트렌치 코트 있잖아요."

엄마: "뭐? 뭐라는거야."

나: "아니 가을에 입는 트렌치 코트"

엄마: "뭐라는거야~!$&#($)@"

나: "아! 내꺼 베이지색 버버리꺼 트렌치 코트~"

엄마: "바바리? 바바리 코트? 바바리라고 해야 알아 듣지! 거 참 말 어렵게 하네."

#소통 #언어 #바바리

이 이야기는 흔히 '바바리 코트'라고 널리 알려진 코트를 어렵게 '트렌치 코트'라고 말하면서 생긴 소통의 오해에 대한 필자의 웃픈(웃기고 슬픈) 스토리 중 하나이다.

소통의 언어는 쉬울수록 좋고, 좋은 스토리는 쉽고 빠르게 공감되어야 한다. 당신이 전하고자 하는 스토리의 핵심을 상대방의 머릿속에 '아하! 바바리!' 하고 바로 떠올릴 수 있도록 만들어줘야 한다. 그래야 당신의 스토리가 이미지화되어 오랫동안 상대의 기억 속에 남을 수 있다.

누구나 쉽고 간단하게 자신의 스토리를 만드는 방법을 공유하고 싶었다. 그래서 잘 만들어진 스토리를 상대에게 쉽고 빠르게 전달할 수 있도록 해시태그와 접목시켜 보았다. #바바리처럼 상대가 쉽게 떠올릴 수 있는 있는 키워드를 찾아내어 당신의 스토리를 쉽고 빠르게 전달한다면 평범한 나의 스토리도 오랫동안 기억될 수 있다.

취업 면접을 준비하는 대학생도, 고객에게 상품을 판매하는 세일즈맨도, 직장 상사에게 잘 보이고 싶은 신입사원도, SNS를 통해 자신을 홍보하고 싶은 프리랜서도 모두 자신의 스토리를 기억해 주길 원한다. 사랑하는 연인도, 자녀를 키우는 부모도, 손자·손녀에게 이야기를 들려주는 할머니·할아버지도 자신의 이야기에 귀를 기울여주고 자신을 더욱 매력적인 사람으로 기억해 주길 바란다.

하루에도 수없이 쏟아져 나오는 글과 영상, 이미지의 홍수 속에서 나의 스토리는 내가 누구인지 말해주는 가장 중요한 척도가 될 것이다. 따라서 평소에도 내가 가지고 있는 스토리를 다듬어 두어야 한다. 공감을 불러일으킬 수 있도록 당신의 스토리를 디자인해야 한다. 스토

리의 핵심 키워드를 찾고, 상대가 스토리를 상상할 수 있도록 이미지
화하고, 해시태그를 활용해 쉽고 빠르게 스토리를 전달한다면 당신의
스토리는 더욱 매력적으로 사람들의 기억에 남을 것이다.

이 책을 읽는 당신의 스토리가 궁금합니다.
당신의 스토리는 무엇입니까?

Chapter

#1

스토리 디자인의 시작, #해시태그________

이제는
해시태그의 시대

#1

트렌드를 이끄는 키워드, #해시태그

연말이나 연초, 서점에 가면 트렌드를 분석한 다양한 책들을 볼 수 있다. 세상의 흐름이 빠르게 변하는 만큼, 사람들도 그 속도에 맞춰 사회적인 흐름을 읽어내려고 많은 관심을 갖기 때문이다.

소비와 트렌드를 전망한 책과 키워드

이들 다양한 트렌드 서적들에는 한 가지 공통점이 있다. 바로 각 분야별로 트렌드를 명확하게 나타낼 수 있는 키워드를 선별했다는 점이다.

TV 방송도 마찬가지다. 긴 설명과 자막 대신 단어 위주의 특정 키워드를 사용해 시청자의 눈길을 사로잡고 있다. 시청자들이 프로그램의 흐름을 쉽게 읽어낼 수 있도록 키워드를 지속적으로 노출해서 각종 트렌드와 실시간 이슈들을 시각적으로 쉽게 이해할 수 있게 도와주는 것이다.

해시태그를 활용한 다양한 화면들
(화면 캡처 : Olleh TV 〈미소남〉, MBC 〈마이리틀텔레비젼〉)

개인적인 감성을 키워드로 정리한 에세이가 출판되기도 하고, 버스나 지하철 광고에서도 키워드로 상품을 홍보하는 것을 쉽게 볼 수 있다.

그리고 특이한 점은 #취향저격, #꿀잼, #치명적, #집밥 등 트렌드를 칭하는 키워드는 계속 바뀌지만, 키워드 앞에 #이라는 문자가 공통적으로 붙어 있음을 알 수 있다.

책 제목과 버스 광고에도 해시태그를 활용하고 있다
(사진 : 〈서정노트〉 문서정, 해시태그 버스 광고)

이제는 어디서나 쉽게 볼 수 있는 기호인 해시태그#, hashtag는 어떤 힘을 가지고 있어 우리의 삶에 점점 깊숙이 스며드는 것일까?

쉽고 빠른,
#해시태그의 힘

해시태그#, hashtag는 트위터나 인스타그램 등의 소셜네트워크서비스 SNS : social network service에서 단어 앞에 #을 사용해 원하는 정보를 구분하기 위해 사용하는 기호를 말한다.

해시태그 기호#는 컴퓨터 프로그래밍을 위한 언어로 처음 사용되었다. 2007년 구글의 프로그래머인 크리스 메시나Chris Messina가 자신의 트위터에 '해시 기호#를 써서 정보를 그룹으로 묶어보면 어떨까?'라고 제안한 것을 트위터가 받아들이면서 공식적으로 쓰이기 시작한 것이다.

최초의 해시태그 (출처 : 크리스 메시나 트위터)

해시태그
[hash tag]

요약 소셜네트워크서비스(SNS : social network service)인 트위터에서 '#특정단어' 형식으로, 특정 단어에 대한
글이라는 것을 표현하는 기능

트위터의 한 기능으로 '#' 뒤에 특정 단어를 넣어, 그 주제에 대한 글이라는 것을 표현한다. 예를 들면, 음악에 대한 글
이라면 '#MUSIC'을 입력하는 것이다. 해시태그는 검색의 편리함을 위해 도입된 기능이지만, 특정 주제에 대한 관심과
지지를 드러내는 방식이나 수단으로 사용되기도 한다.

(출처 : 네이버 시사상식사전)

많은 사용자가 공유하는 관심사를 하나로 묶어서 보여주는 해시태그의 기능 덕분에 사람들은 더 많은 정보를 한 번에 쉽게 검색할 수 있었다. 취향이 비슷한 사람들은 그들만의 네트워크를 만들면서 활발한 소통을 이끌어갔고, 해시태그가 트위터뿐만 아니라 인스타그램·페이스북 등 소셜미디어에 도입되면서 큰 인기를 끌자 해시태그는 소셜미디어의 새로운 언어가 되었다. 이렇게 해시태그는 세상을 연결하는 가장 강력한 기호이자 막강한 결속력을 가지게 된 것이다.

인기 해시태그 중 하나인 #집밥으로 큰 인기몰이를 한 #쉐프테이너chef + entertainer는 단연 백종원 씨를 꼽을 수 있다. 백종원 씨가 대한민국 주부들에게 많은 사랑을 받을 수 있었던 이유는 평소 요리에 관심이 없던 주부들에게 '저 정도면 나도 음식을 쉽게 할 수 있지 않을까?'라는 자신감을 심어주었기 때문이다.

"파슬리가 없으면 대신 파를 얇게 썰어 넣어유" "이거는 집에서 해먹지 말고, 그냥 시켜드세유" 등등 솔직하면서도 구수한 말투로 초급자들도 쉽게 따라할 수 있도록 요리의 #꿀팁을 공유했다. 정리된 백종원의 레시피는 인터넷상에서 빠르게 공유가 되면서 주부들의 마음을 순식간에 사로잡았다.

각종 방송에서도 백종원 씨의 이미지를 잘 나타내는 키워드인 #집밥 혹은 #백주부 #백설명 등을 통일감 있게 사용하면서 시청자들이 빠르고 쉽게 참여할 수 있는 #해시태그 이벤트를 통해 SNS에서도 지속적으로 소통을 하고 있다.

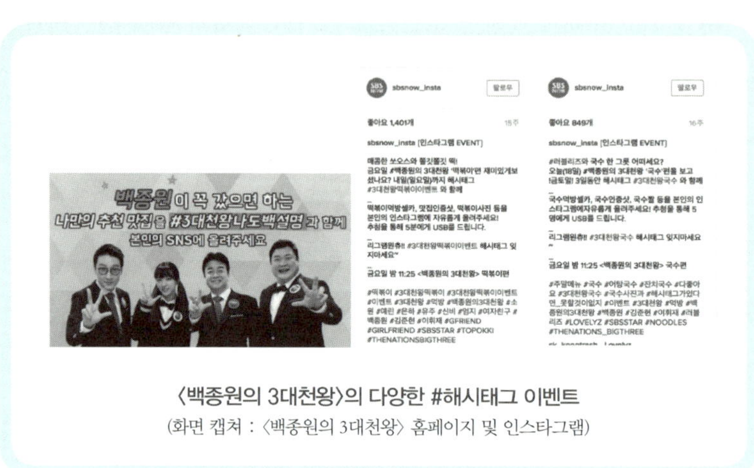

〈백종원의 3대천왕〉의 다양한 #해시태그 이벤트

(화면 캡처 : 〈백종원의 3대천왕〉 홈페이지 및 인스타그램)

만약 당신이 간 음식점에서 '음식을 맛있게 드시는 사진 10장과 1,500자 이상의 글을 블로그에 포스팅하면 다음 방문시 탄산음료 공짜'라는 이벤트를 한다면 참여할 마음이 생기는가?

아마도 귀찮아서 선뜻 참여하고 싶은 마음이 생기지 않을 것이다. 하지만 음식 사진 한 장에 몇 가지의 해시태그만 달아서 공유하는 이벤트라면 어떨까? 1분도 걸리지 않는 이벤트는 '한 번 해볼까?' 하고 좀 더 쉽게 마음을 열 수 있다. 쉽고 빠르기 때문이다.

빠르게 소비되고 생산되는 정보의 홍수 속에서, 해시태그는 사람들을 쉽고 빠르게 움직일 수 있는 강력한 기호가 되었다. '한 번 해볼까? 오~ 간단하네~' 라는 생각과 함께 능동적인 참여를 이끌어내는 것이다. 이처럼 당신이 전하고자 하는 정보를 받아들이기 쉽고 간단하게 전달할 수 있다면 사람들은 당신의 스토리에 자연스레 마음을 열 것이다. 핵심메시지를 쉽고 간단하게 전달하고 사람들의 마음을 움직여 참여하도록 만드는 것이 바로 #해시태그의 힘이다.

#해시태그에 자신의 키워드를 담아라

해시태그를 의미하는 기호 # 뒤에 자신을 드러내는 이미지나 키워드를 선택적으로 활용할 수 있다. #소통테이너 #스토리디자이너처럼 자신의 키워드를 해시태그 뒤에 사용하면 본인의 이미지를 명확하게 전달할 수 있다. 또한 키워드를 반복적으로 사용하면 통일성 있게 정보를 전달할 수 있고, 해시태그로 검색한 정보를 쉽고 빠르게 관리할 수 있다.

이제는 기업과 방송뿐만 아니라 개인들도 해시태그를 활용하고 있다. 자신의 여행이나 일상을 해시태그로 정리해서 SNS에 올리고, 자신이 생활하는 공간이나 이야기를 통해 자신의 개인 브랜드나 마케팅 도구로 활용하며 손님들의 참여를 이끌어내는 이벤트로 새로운 기회를 만들고 있다. 또한 자기를 소개하서나 프레젠테이션을 할 때, 세일즈를 할 때도 자신이 전하고 싶은 이야기를 키워드 중심의 해시태그를 사용해 자연스럽게 적용하고 있다.

　이처럼 자칫 모호하게 전달되기 쉬운 주제에 #해시태그를 달아 요약해서 전달하게 되면 상대방도 나의 메시지를 더욱 쉽고 정확하게 받아들일 수 있다.

#
해시태그의 가장 큰 강점은
쉽고 빠른 전달력에 있다.

스토리와 해시태그를
연결시켜라

#2

#해시태그는
공감이다

다음의 사진은 한 시사회에서 배우가 등장했을 때, 그 모습을 바라보는 사람들을 찍은 것이다. 대부분의 사람들은 스마트폰으로 배우를 찍기에 정신이 없었지만, 난간에 기대어 있는 할머니는 배우의 모습을 직접 눈으로 보고 있다. 이 사진을 보면 어떤 느낌이 드는가?

(출처 : Wayne Dahlberg(@waynedahlberg))

만약 이 사진과 함께 #사랑, #추억, #설렘이라는 해시태그 키워드를 적어둔다면 배우를 바라보는 할머니의 감정을 좀 더 쉽고 빠르게 이해할 수 있을 것이다. 해시태그 뒤에 적힌 단어를 보며 '사랑? 누굴 사랑하는 거지? 추억? 할아버지를 그리워하고 있는 건가?' 하고 자연스럽게 할머니의 스토리를 궁금해 할 것이다.

이미지와 함께 해시태그 키워드를 보게 되면 자신의 기준으로 스토리의 내용을 상상해 보게 된다. 먼저 #사랑이라는 키워드를 생각해 보자. '사랑'하면 무슨 생각이 드는가? 아마 자신의 경험이나 자신이 사랑하고 있는 무엇인가를 떠올릴 것이다. 하지만 #사랑이라는 동일한 키워드라도 얼마 전 연인에게 큰 상처를 받고 이별한 사람의 '사랑'과 얼마 전 꿈꾸던 사람과 결혼해서 행복한 일상을 보내는 사람의

'사랑'은 다를 수밖에 없다. 이처럼 나와 상대가 떠올릴 수 있는 사랑에 대한 생각은 각자 다르겠지만, 그 중 #추억 #설렘이라는 생각을 함께 떠올린다면 서로 공감을 할 수 있는 가능성이 높아질 것이다. "나는 추억과 설렘에 관해 이야기할 테니까, 당신도 사랑의 부정적인 생각은 하지 말고 당신의 추억과 설렘을 한 번 떠올려 보세요."라고 말하는 것이다.

상대가 말하는 추억과 설렘의 의미가 같지 않더라도, 내 이야기를 듣다보면 '아! 사랑했던 그녀가 보고 싶다' '첫 데이트를 하며 설레였던 순간이 떠오른다' 등 #사랑 #추억 #설렘이라는 키워드가 주는 전체적인 이미지를 자신의 기억 속에서 자연스럽게 연상해 보게 되는 것이다. 그러다 공통된 감정이 떠오르게 되면 '맞아, 나도 그런 적이 있었는데' 하고 내 스토리에 공감하게 되는 것이다.

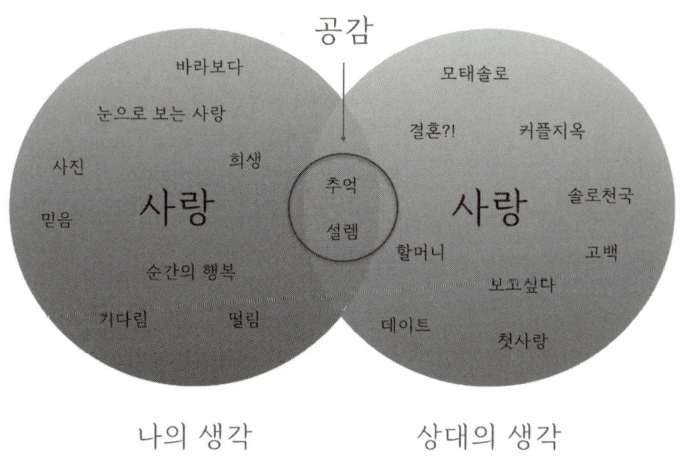

해시태그 키워드로 어느 정도 공감이 형성되면 '할머니는 무슨 사연을 가지고 있을까?' 혹은 '할머니는 왜 사진을 찍지 않았을까?' 등 사진으로 확인할 수 없었던 스토리를 꺼내 공유해 볼 수 있다. 이처럼 해시태그와 함께 적어둔 키워드와 이미지를 통해서 사람들은 전체 스토리의 흐름을 좀 더 쉽게 파악할 수 있게 된다.

만약 동일한 사진 밑에 #스마트폰 #중독 #불행이라고 적어둔다면 어떤 생각이 드는가? 아마도 당신의 머릿속에서 상상하는 스토리는 전혀 달라질 것이다. 생생한 눈으로 순간을 즐기지 못하고 조그만한 스마트폰 화면으로만 세상을 바라보는 요즘 디지털 세대의 안타까움에 대한 이야기를 떠올릴 것이다.

이처럼 자신이 말하고자 하는 바를 해시태그 키워드를 사용해 보여준다면 상대방은 '아, 무슨 말을 하고자 하는 거구나' 하고 전체적인

스토리의 흐름을 빠르게 파악하며, 스토리의 윤곽을 그려볼 수 있게
된다.

#해시태그는
소통의 첫 단추이다

과거에는 강의나 발표를 할 때 텍스트를 먼저 보여주고 내용을 설명하
는 것이 대부분이었다. 하지만 그렇게 되면 개인의 생각을 상대에게
일방적으로 전달하는 상담식 스토리텔링이 되어버린다. 상대방은 구
구절절한 내 이야기가 지루하게 느껴지거나, 내 이야기에 전혀 관심이
없을 수도 있다. 하지만 몇 개의 해시태그 키워드를 통해 내가 전하고
자 하는 핵심내용을 먼저 보여준다면 상대는 자연스럽게 키워드를 중
심으로 생각을 하게 된다. 다음의 기사를 한 번 보자.

이 기사는 '연예가 핫뉴스'라는 제목과 3개의 핵심적인 해시태그 키
워드를 달고, 그 키워드에 따라 스토리의 흐름을 쉽게 이해할 수 있도
록 내용을 적어둔 것이다.

1. 제목 → 차승원과 요색남

2. #해시태그 → #차줌마, #기북손, #만렙배우

3. 본문 내용 → tvN '삼시세끼-어촌편' 시즌 1은 …

#해시태그로 본 2015 연예가 핫뉴스 7 (출처 : 여성동아)

이 기사를 볼 때 해시태그 키워드를 먼저 본 사람은 자신이 알고 있는 정보를 바탕으로 기사를 읽게 되고, 키워드를 모르는 사람은 '#거북손? 무슨 말이지?' 하고 키워드에 대한 궁금증을 가지며 기사를 읽게 된다. 해시태그를 바탕으로 스토리를 이끌어가는 것이다.

즉, 나의 스토리를 쉽게 상상할 수 있도록 이미지와 간단한 해시태그로 정리해 주면 이야기가 길어져서 주제의 전달이 자칫 모호해지거나 지루해질 수 있는 텍스트 위주 스토리의 단점을 보완해 줄 수 있는 것이다.

누군가에게 당신의 스토리를 전하기 전에 스토리에 해시태그를 먼저 붙여보자. 스토리를 전달할 때 해당 내용을 가장 잘 나타낼 수 있는 키워드를 찾아내거나, 쉽게 이해를 도와줄 수 있는 이미지에 해시태그 키워드를 달아서 보여주면 상대방은 당신이 하는 말을 더욱 더 쉽게 이해하고 받아들일 것이다.

전하고자 하는 핵심정보를 쉽고 간결하게 압축한 해시태그 키워드는 당신의 스토리에 윤곽을 잡아줄 중요한 역할을 할 것이다. 이처럼 시대의 트렌드인 해시태그 키워드를 통해서 자신의 의견이나 스토리를 전달할 수 있다면 누구와도 쉽게 이야기를 나눌 수 있는 소통의 첫 단추가 될 것이다.

#

해시태그 키워드는
보이지 않는 스토리를 이미지화하여
전체적으로 스토리의 윤곽을 잡을 수 있도록 도와준다.

해시태그는
스토리 디자인의 시작!
#3

전 세계 월간활동사용자MAU, Monthly Active Users 수가 3억명이 넘는 소
셜미디어 플랫폼인 인스타그램에서 가장 인기있는 상위 해시태그들은
성별·인종·나이·종교를 떠나 누구에게나 쉽게 공감될 수 있는 삶
의 가치를 의미하는 단어들이 많다.

대표적인 인기 해시태그는 #love, #happy, #like, #smile, #life 등 눈에 보이지 않는 추상적인 개념의 단어들이 많다. 이처럼 많은 사람들의 공감을 이끌어내는 스토리들은 일상적인 가치 이상의 것을 지니고 있다.

만약 누군가 "당신에게 사랑은 무엇인가요?"라는 질문을 던진다면 당신은 쉽게 대답하지 못할 것이다. 왜냐하면 #사랑, #행복, #삶과 같이 보이지 않는 추상명사는 딱히 정답이 있는 것이 아니기 때문이다. 보이지 않는 것을 말로 설명하기는 힘들지만, 추상적인 감정을 상대의 눈에 보일 수 있도록 이미지화를 시키는 것은 중요하다. 왜냐하면 이미지화를 시키는 과정에서 당신의 스토리를 자연스레 녹여 낼 수 있기 때문이다. 화가는 자신의 그림으로, 작가는 글로 자신이 말하고자 하는 바를 전달한다. 이처럼 상대가 그 결과물을 시각적으로 볼 수 있게 만든다면 당신이 전하고자 하는 스토리를 좀 더 친근하게 이해하며 받아들일 수 있게 될 것이다.

보이지 않는 것을 보이게 만드는 것, 이것이 스토리 디자인의 첫 번째 단계이다.

만약 #사랑이라는 키워드를 선택한다면 어떻게 시각화시킬 수 있을지 생각해 보자.

나에게 있어 '사랑'은 무엇인가?
'사랑'하면 떠오르는 이미지는 어떤 것이 있는가?

내가 처음 '사랑'을 느꼈던 순간, 그 느낌은 어땠는가?

당신이 유독 '사랑'하는 것이 있는가?

'사랑'에 대한 나의 선입견은 무엇인가?

질문에 떠오르는 사랑의 감정을 글로 적어보고, 자신의 스마트폰에서 '사랑'이라고 생각되는 사진을 찾아보자.

이 사진은 필자가 스마트폰에서 찾은 '사랑'의 사진이다. 전시회장에 갔을 때 찍은 사진인데, 필자는 이 사진을 보면 '사랑'이 떠오른다. 이 사진을 보면서 느꼈던 감정을 간략하게 적고, #처음 #사랑 #뒷모습이란 해시태그 키워드를 달아서 페이스북에 공유해 보았다.

한 장의 사진과 몇 개의 간략한 해시태그를 통해서도 #사랑이라는 추상적인 주제를 잘 전달할 수 있었고, 많은 사람들의 공감도 받았다.

Q 이현
이현
2015년 5월 18일 ·
사진을 찍는
그녀의 뒷모습에서
처음 사랑을 보았다.

#처음 #사랑 #뒷모습

회원님, 오원택님 외 105명   댓글 9개
좋아요   댓글 달기   공유하기

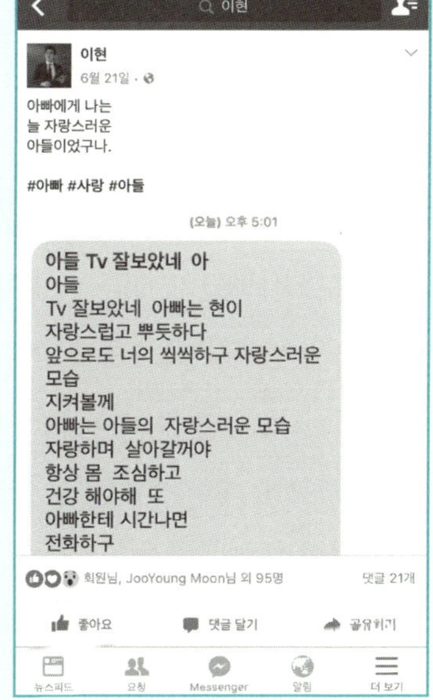

Q 이현
이현
6월 21일 ·
아빠에게 나는
늘 자랑스러운
아들이었구나.

#아빠 #사랑 #아들

(오늘) 오후 5:01

아들 Tv 잘보았네 아
아들
Tv 잘보았네 아빠는 현이
자랑스럽고 뿌듯하다
앞으로도 너의 씩씩하구 자랑스러운
모습
지켜볼께
아빠는 아들의 자랑스러운 모습
자랑하며 살아갈꺼야
항상 몸 조심하고
건강 해야해 또
아빠한테 시간나면
전화하구

회원님, JooYoung Moon님 외 95명   댓글 21개
좋아요   댓글 달기   공유하기
뉴스피드   요청   Messenger   알림   더 보기

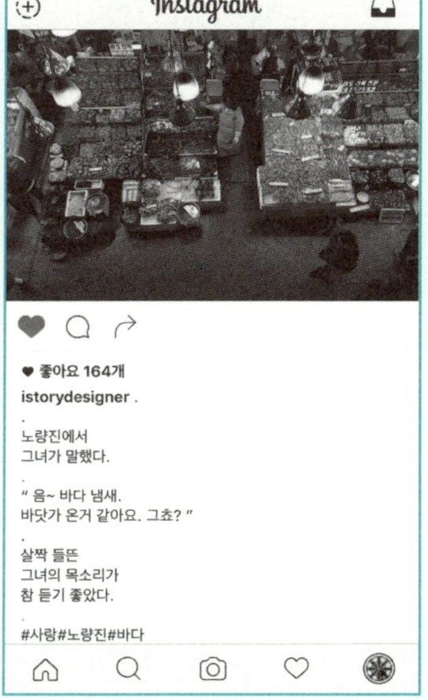

Instagram

좋아요 164개
istorydesigner .
.
노량진에서
그녀가 말했다.

" 음~ 바다 냄새.
바닷가 온거 같아요. 그쵸? "
.
살짝 들뜬
그녀의 목소리가
참 듣기 좋았다.

#사랑#노량진#바다

만약 스마트폰에서 사랑의 이미지를 찾을 수 없다면 일기장이나 앨범에서 찾을 수도 있다. 부모님께 받은 감동의 문자도 좋다. 내 주변의 추억이 있는 곳에서 내가 '사랑'이라고 생각하는 무언가를 찾아보자. 사랑의 이미지나 사진을 찾았다면 그것을 통해 느껴지는 감정을 가볍게 글로 적어보고, 해시태그 키워드를 3개만 떠올려 보자. 먼저 본인이 생각하는 사랑의 흐름을 자유롭게 적고, 글과 사진, 키워드를 통해서 추상적인 #사랑을 이미지화해 보자.

#해시태그로 스토리를 확장하라

스토리를 전달할 때 상대가 쉽게 공감할 수 있는 이야기의 소재인 #삶, #죽음, #사랑, #가족, #친구라는 해시태그를 사람들의 가슴 속에 남을 수 있는 스토리로 만들어보자. 해시태그의 범위를 확장해도 좋다. #사랑이라면 가족에 대한 사랑, 자녀에 대한 사랑, 일에 대한 사랑 또는 키우고 있는 강아지나 고양이도 좋다. 사랑에 대한 범위를 한정짓지 말고 사랑의 의미를 넓혀 생각해 보는 것이 좋다. 이처럼 추상적인 단어를 자신만의 정의로 잘 정리해 놓는다면 상대가 쉽게 공감할 수 있는 스토리를 만들 수 있다.

또 남들이 좋아하는 해시태그 키워드를 유심히 살펴보는 것도 좋은 방법이다. 상대의 입장에서 좋아할 만한 스토리 소재를 선택하는 것도 공감의 중요한 요소가 되기 때문이다.

그럼, 내가 정말 중요하게 생각하는 것, 내 삶의 최고의 가치를 나타내는 것, 내 삶을 대변할 수 있는 해시태그 키워드를 하나 선택해 보자. #가족, #음식, #친구, #배움, #행복, #기쁨, #꿈, #희망, #여행, #외로움 등등 무엇이든 상관없다.

본인이 가장 소중하게 여기고 또한 본인을 가장 잘 나타낼 수 있는 해시태그 키워드를 결정했다면 본인의 스토리를 시각화시킬 수 있는 핵심 이미지와 스토리를 찾아보자. 자신이 찍은 사진이 마땅히 없거나 에피소드가 떠오르지 않는다면 인스타그램이나 구글 이미지 검색을 통해 나의 스토리를 보여줄 수 있는 이미지들을 찾아보자. 나와 비슷한 스토리와 이미지가 있는지 살펴보면서 일상생활에서 내가 느꼈던 느낌을 자유롭게 떠올려보는 것이다. 다음 페이지의 사진을 연습 삼아 느껴지는 감정들을 해시태그로 적어보자.

# #

**보이지 않는 것을 보이게 만드는 것,
이것이 스토리 디자인의 첫 번째 단계이다.**

예) #외로움 #고독 #인생 #술

예) #어린이 #실루엣 #즐거움 #빛 #휴일 #쾌활한 #열정 #기대

인터넷에는 인스타그램이나 구글 이미지 검색 외에도 다양한 이미지를 무료로 받을 수 있는 곳이 많다. 무료 이미지 사이트에서 이미지를 다운받는 방법과 이미지에 글씨를 넣어 나만의 해시태그 키워드를 만드는 방법을 살펴보자.

1) 무료 이미지 사이트

자신의 스마트폰에서 마음에 드는 '사랑'의 이미지가 없다면 인터넷의 무료 이미지 사이트를 통해서 좋은 사진을 찾을 수 있다. 다양한 무료 이미지 사이트들이 있는데, 이 중 필자가 자주 사용하는 곳은 'pixabay'이다.

픽사베이 사이트pixabay.com에 들어가 검색 창에 원하는 키워드를 입력하면 다양한 고화질의 사진들이 나온다.

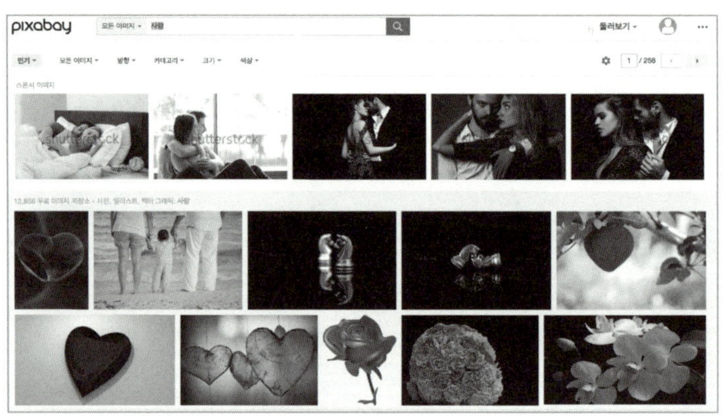

'사랑'이라는 단어를 검색창에 입력하면 1만 개 이상의 무료 이미지가 나오고, 원하는 이미지를 선택하면 저작권 여부 확인과 다양한 픽셀의 이미지를 선택해서 다운로드 받을 수 있다. 화면 상단에 나오는 스폰서 이미지는 유료로 구매해서 사용해야 하지만, 무료로도 충분히 좋은

이미지들을 찾아볼 수 있다. 픽사베이 사이트는 한글도 지원하지만, 영어로 해당 단어를 검색하면 더 다양한 이미지들을 검색할 수있다.

2) 폰트 스튜디오

마음에 드는 이미지를 찾았다면 이미지에 어울리는 해시태그 키워드를 사진 속에 써보자. 먼저 스마트폰에서 '폰트 스튜디오'를 설치해 보자. 안드로이드폰은 Play 스토어에서, 아이폰은 앱스토어에서 '폰트 스튜디오'를 검색해서 해당 앱을 다운받아 설치를 한다.

설치를 마치면 앱을 실행하고 스마트폰에 저장된 사진첩에서 원하는 이미지를 불러온다. 폰트 스튜디오에서 사진을 불러오면

더블 클릭하여 글쓰기

#처음 #사랑 #뒷모습
간격
다음문장
123

#처음 #사랑 #뒷모습

실행 화면이 나온다. 이때 사진첩에서 가져온 사진의 바탕배경을 바꿀 수도 있는데, 원본 사진의 느낌을 살리고 싶다면 오른쪽 하단의 체크 표시를 선택하면 된다. '더블 클릭하여 글쓰기'라는 곳에 원하는 텍스트를 입력하고 텍스트 박스를 길게 누르면서 이동하면 원하는 위치에 텍스트를 옮길 수 있다. 그리고 입력한 텍스트 상자는 회전, 확대, 축소 기능과 함께 글상자를 한 개 이상 추가할 수 있다. 또 텍스트에는 폰트, 색상, 레이어드, 간단한 사진 편집, 말풍선, 스티커까지 다양한 기능을 손쉽게 활용할 수도 있다.

텍스트 입력란에 '사랑'이라고 느꼈던 사진을 보고 떠오르는 해시태그 키워드를 #처음 #사랑 #뒷모습처럼 3가지만 적어보도록 하자.

사용방법이 크게 어렵지 않으니 기능을 하나씩 사용해 보고 원하는 색상과 효과를 비교해 보면서 이미지와 키워드를 잘 보이게 디자인해 보자. 단, 배경색과 글자색이 비슷하면 가독성이 떨어지니 주의해서 색상을 선택하자.

이렇게 완성된 이미지는 페이스북이나 인스타그램 등 SNS에 바로 공유가 가능하고, 자신의 사진첩에도 저장이 가능하다.

다음은 폰트 스튜디오를 통해 #사랑이라는 주제로 스토리 디자인을 실습한 내용이다.

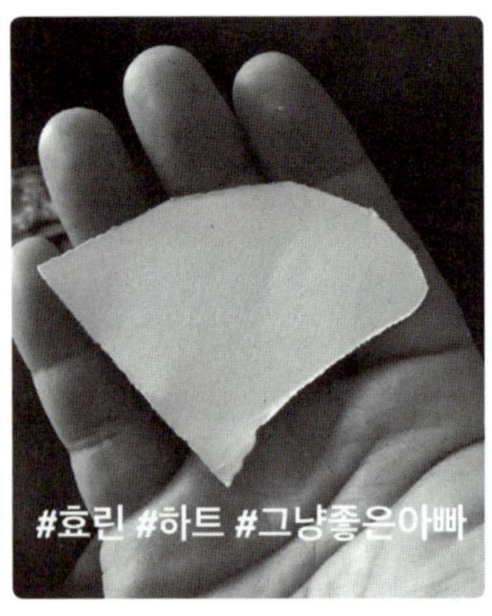

오늘 생일인 둘째 딸이 "아빠, 하트야" 하며, 직접 가위질해서 준 하트이다.
나는 여태껏 이렇게 아름답고 신비로우며 경의로운 하트를 본 적이 없다.

매일 럭키랑 산책을 하며 느끼는 한가로운 여유. 나에 대한 무조건적인 사랑을 느낀다.

이처럼 이미지와 텍스트가 함께 보여졌을 때 스토리의 전달력은 더욱 강해진다. 전체를 요약하는 내용의 해시태그 키워드와 내

가 보여주는 이미지, 그리고 스토리가 일치되면 상대가 공감할 수 있는 명확한 스토리가 만들어진다. 해시태그 키워드, 이미지, 스토리를 일치시키는 것이 스토리 디자인의 첫 번째 단계이다.

1) 키워드와 관련된 나만의 이미지를 찾는다.

2) 이미지에 맞는 해시태그 키워드를 찾는다.

3) 이미지 속에 해시태그 키워드를 넣는다.

4) 키워드를 하나씩 늘려가면서 당신의 스토리를 정리해 본다.

테이스테셔널의 시대, 나만의 취향을 찾아라

취향을 드러내는
사람들

#1

최근 새로운 '덕후문화'를 만드는 취향 존중 프로그램이 인기를 끌고 있다. MBC TV 〈능력자들〉이란 프로그램을 보면 출연자들이 자신이 빠져있는 취향을 공개하고, 그들의 놀라운 능력을 검증받는 모습이 나온다. 버스의 엔진 소리만 들어도 어느 시기에 제작된 버스인지 회사와 모델명까지 정확히 알아 맞추고, 수백 가지의 편의점 도시락에 무슨 반찬이 들어갔고 빠졌는지도 정확하게 알고 있다. 인형뽑기부터 종이로봇·괴물·놀이기구 등 능력자들은 단순한 취미의 개념을 훌쩍 뛰어 넘으며, 자신만의 취향을 전문적으로 저격해 나간다.

최근 취향 존중 프로그램이 인기를 끌고 있다
(화면 캡쳐 : MBC 〈능력자들〉 버스 능력자 편)

이처럼 자신이 가지고 있는 취향을 오랫동안 탐구하여 특별한 재능을 가진 사람들을 '취향 전문가' 또는 '테이스테셔널Taste + Professional'이라고 한다. 이들은 검증된 기관이나 단체에서 교육을 통해 자격증을 따거나 관련 직종에 오랫동안 종사한 전문가는 아니지만, 자신만의 경험과 식견으로 취향이 깊어지면서 쌓은 노하우를 가지고 있다는 특징이 있다.

이들이 가지고 있는 특별한 취향은 사람들의 궁금증을 유발시킨다. 왜 많은 것 중 버스에 집착을 하게 되었고, 왜 하루도 빠짐없이 종이로봇을 만들며, 왜 영화 속에 나오는 괴수와 사랑에 빠지게 되었는지 사람들은 궁금해 한다. 유별난 취향 뒤에 숨겨진 그들의 스토리를 알고 싶어 하는 것이다.

이들은 자신이 좋아하는 즐거움을 바탕으로 취향을 찾으면서 다양한 방법으로 자신만의 스토리를 만들어 나간다. 기업이나 각 분야의 전문가들도 이들의 경험으로 얻어진 해박한 지식과 통찰력을 인정하고 현실적인 조언을 구하는 등 그들의 능력을 필요로 하고 있다. 단순히 좋아해서 시작한 자신만의 독특한 취향이 단순히 취미로 그치지 않고, 일과도 연관되는 시대가 온 것이다.

애니메이션 '도라에몽' 캐릭터 하면 떠오르는 스타가 있다. 바로 배우 심형탁이다. 그는 독특한 취향으로 많은 사람들의 관심을 받았다. 사람들은 다 큰 성인이 도라에몽 캐릭터에 빠져있는 취향을 특이하게 생각했지만, 그는 자신의 취향을 당당하게 공개했다.

그는 무슨 이유로 도라에몽을 좋아하는 #키덜트(Kid + Adult의 합성어, 아이들 같은 감성과 취향을 지닌 어른)가 되었을까?

TV를 통해 자신의 취향을 과감하게 드러낸 스타, 심형탁
(화면 캡처 : MBC 〈나 혼자 산다〉)

그는 한 TV 프로그램에서 자신이 도라에몽을 좋아하게 된 이유를 고백했다. 지금의 건강하고 밝은 이미지와는 달리 고등학교 시절에 심

한 왕따를 경험했다고 한다.

"요즘은 키 큰 학생들이 많지만, 제가 고등학교 때 키가 181cm여서 뒤에서 세는 게 빠를 정도로 덩치가 컸습니다. 그런데 큰 덩치와 달리 취미도 얌전하고 술이나 담배, 친구들과의 다툼도 전혀 안 하다보니 그게 계기가 되었던 것 같아요. 왕따를 겪으면서 부모님께 걱정을 끼쳐 드릴까봐 말도 못하고 정말 힘들었습니다.
그러다가 도라에몽을 보면서 모든 걸 해결해 주는 그런 친구가 내게도 있으면 좋겠다고 생각했었죠. 계기는 그랬지만 나이가 들면서 도라에몽이 더 좋아지게 되었어요. 도라에몽은 항상 그 모습 그대로 누군가를 계속 도와주는 캐릭터잖아요. 제가 50살이 되건 60살이 되건 아들 손자와 함께 즐길 수 있는, 세대와 세대를 이어줄 수 있는 멋진 캐릭터라서 좋아합니다."

〈인벤 커뮤니케이션즈 인터뷰 내용〉

그가 방송을 통해 도라에몽을 좋아하게 된 이유를 공개하고 난 뒤, 사람들은 그를 한층 더 솔직하고 건강한 청년으로 기억하기 시작했다. 팬들은 그의 인간적인 모습을 진심으로 응원해 주며 도라에몽 캐릭터 선물을 보내주기도 했다. 그의 도라에몽 사랑이 점점 알려지면서 도라에몽 작가를 만나 친필 사인도 받고, 도라에몽 유니폼을 입고 야구 시구행사까지 참여할 수 있었다. 당시 심형탁이 입었던 도라에몽 유니폼은 인기가 많아서 매진까지 되었다고 하니, 그와 도라에몽은 이제 떼려야 뗄 수 없는 각별한 사이가 되었다. 자신의 독특한 취향이 널리 알려지면서 이루어진 쾌거이다.

취향 속에 자신의 꿈을 담은 스타, 주병진 (화면 캡처 : 채널A 〈개밥주는 남자〉)

또 다른 예로 방송인 주병진 씨는 집을 가꾸는 취향이 있다. 200평이 넘는 펜트하우스에 살면서 집이 더러워질까 하루 종일 청소와 정리를 하는 그의 모습이 방송에 나왔을 때, 처음엔 그의 행동을 쉽게 이해하기 힘들었다. 하지만 집 청소와 소품에 집착하는 취향에 대해, 그가 전한 스토리는 그를 인간적으로 이해하는데 도움이 되었다.

"사실 집이 더러워지는 것이 걱정되는 것이 아니라, 힘들게 이룬
내 꿈이 더럽혀지는 것만 같아 계속 청소를 했다. 이 집은 내 젊은
날의 꿈이었다."

자신의 꿈이었던 넓은 집을 잘 간직하고 청소하는 것이 자신의 꿈

을 소중하게 닦는 것과 같다는 생각을 하니 열심히 집을 가꾸는 나름
대로의 취향이 생긴 것이다. 자신의 취향을 드러낸 뒤, 힘들게 이뤄
낸 꿈을 소중하게 간직하기 위한 그의 노력을 인간적으로 이해할 수
있었다.

이들의 취향 속에는 자신의 숨겨진 스토리가 담겨져 있다는 공통
점이 있다. 도라에몽을 통해 학창시절의 힘들었던 왕따를 극복한 스
토리, 청소를 통해 자신이 노력해서 얻은 현실의 꿈과 그 꿈을 소중하
게 지켜나가려는 스토리 등 자신이 어렵고 힘들었을 때 가장 큰 힘이
되어 주었던 취향을 통해 자신의 숨겨진 스토리를 당당하게 꺼낸 것
이다.

이처럼 예전에는 금기시되었던 취향을 이제는 당당하게 공개하는
이른바 '덕밍 아웃(덕후 + 커밍아웃)'을 통해 평소에는 몰랐던 그 사람의
진솔한 모습 등을 볼 수 있게 되었다.

자신의 취향은 스토리를 풀어낼 수 있는 좋은 소재가 된다. 취향을
드러낸다는 것은 나를 쉽고 빠르게 소개할 수 있는 소재가 되어 상대
방과도 쉽게 공감대를 형성할 수 있기 때문이다. 이제 자신의 스토리
를 자연스럽게 담아 낼 수 있는 나의 취향을 찾아보고, 취향 속에 스토
리를 담아보도록 하자.

취향 속에
스토리를 담아라

만약 당신의 취향을 궁금해 하는 사람이 "왜 그런 취향을 좋아하세요?"라고 물어봤을 때 "그냥요, 귀엽잖아요"라고 말한다면 더 이상 당신의 스토리를 궁금해 하지 않을 것이다. 하지만 내가 취향을 좋아하게 된 계기나 특별한 이유, 취향에 대한 나만의 특별한 스토리를 담는다면 사람들은 좀 더 쉽게 당신을 이해하고 오랫동안 기억할 것이다. 예를 들어보자.

취향을 통해 자신의 스토리를 전달하기도 한다
(화면 캡처 : KBS2 〈해피투게더3〉 〈연예가중계〉)

〈슈퍼스타 K〉로 등장한 가수 존박은 소문난 '냉면 덕후'다. 일주일에 네 번은 기본으로 냉면을 먹는데, 만약 냉면을 안 먹으면 다리가 떨리고 입이 바짝 마르는 냉면 금단 현상이 있을 정도로 그의 냉면 사랑은 대단하다. 그는 냉면을 좋아하는 자신의 취향을 통해 자신만의 냉면 철학을 보여준다. 그는 냉면을 먹을 때 식초나 겨자를 따로 넣지 않

는다고 한다. 자극적인 맛을 줄이고 순수한 냉면 그대로의 맛을 음미
하고 싶어서란다.

"평양 냉면의 심심한 맛처럼 저의 인생도 그렇게 살고 싶어요. 자
극적이지 않고 꾸준한 냉면처럼 가수 활동을 하고 싶어요."

이처럼 냉면은 개인의 사소한 취향에 따라 먹는 음식이지만, 자신
이 좋아하는 냉면을 통해 자연스럽게 자신의 이야기를 꺼내는 모습을
보면서 그가 추구하는 음악의 색깔도 냉면처럼 자극적이지 않고, 꾸밈
없는 솔직한 그의 매력을 느낄 수 있었다. 이제는 '냉면' 하면 존박의
이미지가 자연스럽게 떠오른다.

나를 대신 나타낼 수 있는 취향을 찾는다면 자신의 삶의 신념이나
스토리를 '취향'을 통해 표현해 볼 수 있다. 자신의 장점과 전문성을 잘
녹여낼 수 있는 자신의 취향을 탐색해 보고, 나를 대변할 수 있는 대상
에 의미를 부여한다면 자신만의 스토리를 만들고 표현하는 것이 훨씬
수월할 것이다. 또 자신의 취향을 탐색하는 과정에서 스스로에 대한
질문을 통해 내가 진정 좋아하는 것은 어디서부터 시작됐고, 그 안에
어떤 스토리가 있었는지, 또 그 스토리를 통해 무엇이 변화되었는지를
얘기하면서 상대가 공감할 수 있는 이야기를 한다면 상대는 당신의 취
향을 떠올리며 당신을 오랫동안 기억할 것이다.

취향 속에 자신의 스토리가 잘 담겨있으면 사람들은 오랜 시간이

지나도 그 사람의 이미지를 쉽게 기억한다. 이름과 나이는 기억을 못 해도 '아~ 냉면!' 또는 '아!! 버스!' 하면서 그들의 취향과 함께 그 안에 담긴 스토리를 당신과 함께 떠올릴 것이다.

#

나를 나타낼 수 있는 취향 속에
스토리를 담는다면
사람들은 좀 더 쉽고 오랫동안
당신을 기억할 것이다.

나만의 취향을 찾아
구체화하라

#2

나의 취향을
찾아라

누구나 자신만의 취향이 있다. 음식, 패션, 그림, 게임, 운동, 바둑, 사진 등 자신이 가장 즐겁게 시간을 많이 보내는 것을 떠올려보자. 물론 정답은 없다. 내가 자주 검색하는 관심 키워드를 생각해 보고, 나의 취향은 무엇인지 고민해 보자. 만약 자신의 취향이 떠오르지 않는다면 다음 질문에 답을 해보자.

① 이것만 하면 기꺼이 즐겁게 날을 샐 수 있는 일

예) 게임, 음악, 독서, 운동, 영화, 쇼핑, 춤, 그림, 요리, 낚시, 바둑 …

② 특별한 보상이 없어도 힘듦을 견딜 수 있는 일

예) 봉사활동, 효도, 음식 만들기, 자녀 돌보기 …

③ 이것 하나만큼은 오랫동안 잘하고 싶은 일

예) 악기연주, 글쓰기, 강의, 육아, 음식, 외국어, 영업 …

④ 남들보다 더욱 잘하거나 특별하게 느끼는 일

예) 산악자전거 타기, 건배사, 분위기 띄우기, 인맥관리, 정보수집, 메모, 연애 …

위 질문을 보고 떠오르는 생각들을 간단히 적었다면 다음 단계로는 빈 종이 한 장을 꺼내어 중간에 '나의 취향'이라고 적고, 마인드맵을 그려보도록 하자. 질문에 답한 단어들을 하나씩 적어보고, 내가 좋아하는 취향의 키워드를 떠올리면서 추가로 생각나는 것을 함께 적어보자. 어느 정도 자신이 좋아하는 취향을 적었다면 그 중에서 우선순위를 뽑아서 빨간색으로 동그라미를 쳐보자.

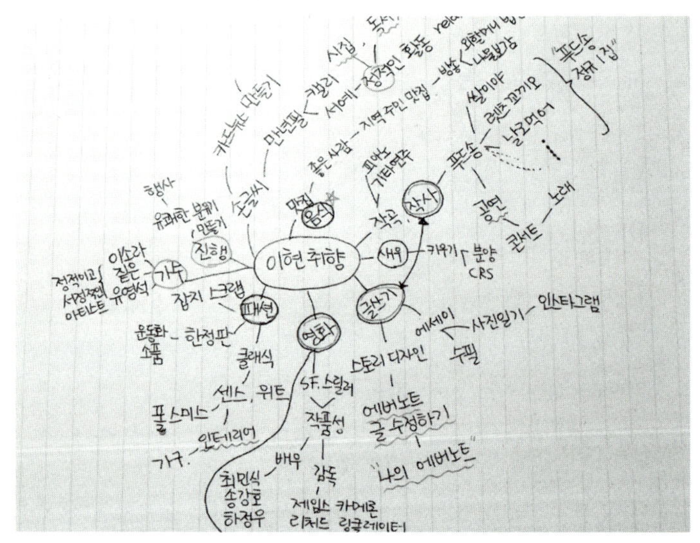

내가 좋아하는 취향이 무엇인지, 마인드맵으로 찾아보자

마인드맵을 통해 자신이 좋아하는 취향의 키워드를 찾는 이유는 각 키워드들의 상관관계를 파악해 볼 수 있는 장점 때문이다. 글쓰기와 작사, 독서 등 정적인 취향의 공통점도 보이고, 예전엔 관심 없었던 인테리어나 가구 등 새롭게 생겨난 나의 취향을 통해 또 다른 키워드를 떠올릴 수 있다. 따라서 나의 지난 취향과 최근의 취향을 쉽게 확인할 수 있다. 만약 취향이 생각나지 않는다면 '취향 검색서비스'를 통해 자신의 취향을 찾아볼 수도 있다.(취향 검색서비스와 취향분석 앱에 대해서는 〈스토리 디자이너의 비밀노트〉를 통해 살펴보자)

참고로 다음은 '왓챠'라는 영화 추천 앱을 통해 자신의 취향을 분석해 본 사례이다.

나의 취향을 알아보기 위해 '왓챠' 어플을 사용해봤다. 내가 본 영화를 분석해 보니 난 생각보다 냉정한 '냉장고파'였다. '액션·SF·코미디에 후한 점수를 주고, 좋아하는 배우와 감독이 명확한 것을 보니 어찌 보면 선입견을 갖고 영화를 봤던 사람이 아닐까?'란 생각이 들었다. 난 영화를 통해 내가 살고 있는 현

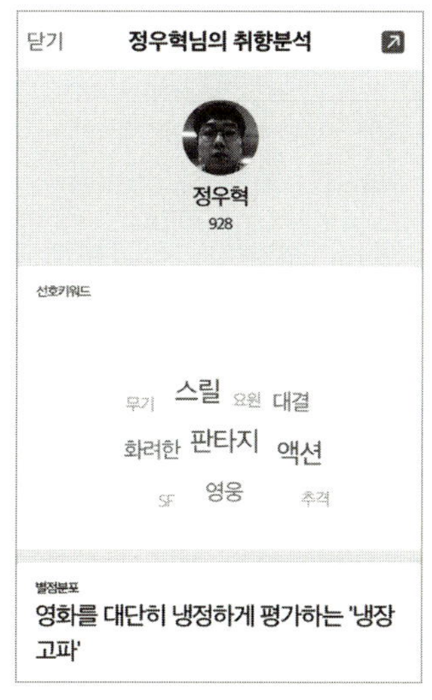

실에서 벗어나고 싶었던 것 같다. 그래서 액션을 좋아하고 판타지물에 빠지고, 스트레스에 취약해 코미디를 보며 실컷 웃었다. 그 시간만큼은 난 영화 안에 있었다. 영화를 보는 나의 취향을 분석해 보니, 나는 현실에서 한발짝 물러나서 좋아하는 것을 보고 느끼는 사람이라는 것을 더욱 분명하게 느낄 수 있었다."

이처럼 자신이 무엇을 좋아하는지 구체적으로 적어보고, 나를 나타낼 수 있는 대표 취향을 찾으면 탐색한 키워드를 통해 나를 표현해볼 수 있다. 자신의 취향을 분석하면서 드는 생각들을 앞의 사례와 같이 자연스럽게 문장 형태로 정리해 보자. 여기에서는 간단하게 마인드맵이나 취향분석 앱을 통해 취향을 탐색해 봤다면 이제 취향을 구체적으로 정리하는 방법을 알아보자.

취향을 구체적으로 정리해 보자

나만의 스토리를 만들기 위해서는 가장 먼저 나에 대한 탐색이 있어야 한다. 내가 어떤 사람이고 무엇을 좋아하며 무엇을 싫어하고 어떤 가치관과 삶의 태도를 가지고 있는지, 본인 스스로를 탐색하면서 그 과정에서 스토리를 찾고 정리해야 한다.

우선 다음 쪽에 준비된 키워드 스토리 맵에 자신이 가장 좋아하는 대표 취향의 키워드를 적어보자. 만약 대표 키워드를 #음식food으로 한다면 구체적인 질문으로 탐색과정을 거쳐야 한다. 우선 대표 키워드(음식)를 적었다면 추가적으로 핵심 키워드(음식의 종류)를 5가지 정도 적어보자.

내가 무엇을 좋아하는지
구체적으로 안다는 것은
행복한 일임이 분명하다.

#취향 #스토리디자이너_이현

① 취향의 대표 키워드를 적어본다.

예) #음식(food)

② 핵심 키워드를 5개 이상 적어본다.

예) #치킨 #할머니 #쑥국 #엉겅퀴 #박대 #돼지국밥 #새우 #아이스크림

③ 각 키워드에 관련 있는 스토리를 문장이나 대화 형태로 적어본다.

예) "녹차 아이스크림, 너를 만난 건 기적이야. 변함 없는 기쁨을 줘서 고마워."

"부산 오셨으니 돼지국밥 한 그릇 하셔야재. 1년 동안 교육과정을 진행하기로 한 미팅을 성

공적으로 마치고, 교육업체 대표님이 나에게 말했다.."

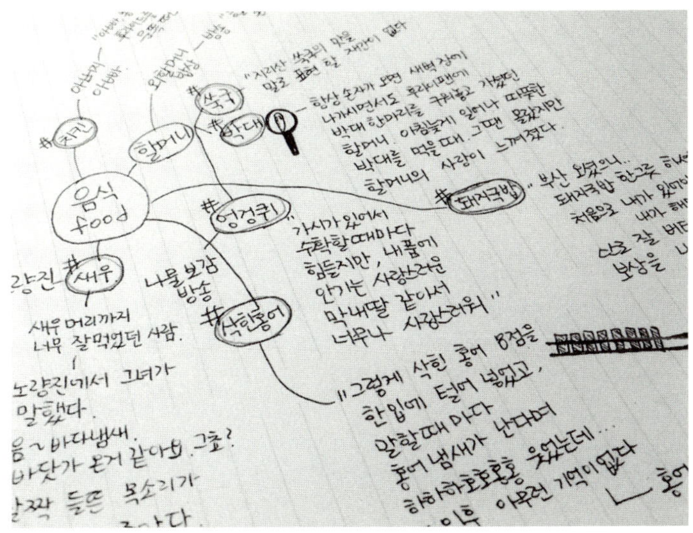

본인의 대표 취향을 키워드로 뽑고 스토리 맵을 그려보자

만약 '#아이스크림'이 핵심 키워드인 경우 아이스크림을 좋아하게 된 이유를 세분화하여 적어보자. '아이스크림 → 녹차 → 나뚜르 → 술 먹고 알딸딸한 상태에서 → 집 근처 편의점에서 혼자 먹는 → 그럴 때 삶의 위로를 받는다 → 늘 맛이 한결같다'처럼 자신의 취향을 구체화시켜서 하나씩 적어보고, 문장 형태로 완성해 보자.

"저는 나뚜르 녹차 아이스크림을 좋아합니다. 힘들 때 기운을 내기 위해서, 그리고 술을 마시고 알딸딸한 상태에서 집에 들어가기 전 편의점에 들러 아이스크림을 먹을 때가 참 좋습니다. 슬플 때나 기

뺄 때나 녹차 아이스크림을 먹으면 한결같이 기분을 좋게 만들어
주거든요. 뭔가 힘내라고 묵묵한 위로를 받는 것 같아서 더욱 맛있
게 느껴집니다.”

#녹차 #아이스크림 #위로

이처럼 다른 키워드들도 짧은 문장 형태로 세분화시켜 정리해 보도
록 하자.

#햇살 → 따뜻한, 오후 2시 → 화창한 수요일 오후 2시, 나만을 위
한 듯 내려쬐는 따가운 햇살
#맥주 → 시원한, 생맥주, 원샷, 와바 → 더운 여름 30초 안에 원
샷하는 시원한 wa-bar 생맥주 한 잔.
#맛집 → 좋아하는 사람들과 함께 먹는 곳 → 지역 주민에게만 알
려진 숨겨진 맛집을 찾아내는 것 → 내가 좋아하는 사람들을 데려
갔을 때 인정받는 것
#바람 → 빠르게 달리는 차 뒷편에서 창문을 열고 바람 쐬는 것 →
눈을 감고 차가운 바람을 한숨 들이키는 것

자신이 좋아하는 것의 느낌을 구체적으로 기록해 보며, 왜 그런 느
낌을 좋아하게 되었는지 곰곰이 생각해 보면 또 다른 스토리가 생각나
기도 한다. 혹시 내가 이것을 좋아하게 된 특별한 계기나 이유가 있었

는지, 어떤 점이 좋았는지, 무슨 느낌이 드는지 등 질문을 던져보면서 스스로 답해 보는 것이다. 다음은 위의 예제 글에서 #바람에 대해 필자가 정리해 본 스토리 디자인이다.

"저는 빠르게 달리는 차 뒷편에서 창문을 열고 바람을 쐬는 것을 좋아합니다. 특히 숨막힐 듯하게 쎈 바람을 좋아하는데 왜 그럴까 하고 곰곰이 생각해 보니, 어릴 적 아버지 오토바이 뒤에 타고 함께 여행을 떠났던 추억이 떠올랐습니다. 시원한 바람, 아빠의 등 뒤에 꼭 붙어서 맡았던 아빠의 냄새, 가끔씩 그 평온한 순간이 그리울 때가 있습니다. 창문 밖으로 얼굴을 살짝 내밀고 바람을 쐬며 눈을 감고 있으면, 마치 아빠 등 뒤에서 아빠의 품을 꼭 안고 여행을 떠났던 그 시절의 설렘과 행복을 느낄 수 있었습니다. 가끔 밤 늦게까지 일을 마친 후 택시를 타고 돌아올 때면 차창 문을 열고 한숨 가득히 차가운 공기를 들이마십니다. 한참을 눈을 감고 바람을 쐬면 어느덧 저는 가장 행복했던 그때로 돌아갑니다. 지금은 바쁘다는 핑계로 자주 만나뵙지 못하지만, 아빠와의 행복한 추억을 떠올릴 수 있는 바람을 쐬는 순간을 저는 좋아합니다."

#바람 #추억 #아빠

자신이 좋아하는 것을 말하다 보면 표정과 말투도 긍정적으로 변하게 된다. 또한 자신과 비슷한 취미나 공통점이 발견된다면 상대는 자연스레 마음을 열 것이다. 이처럼 당신의 구체적인 취향을 통해 당신의 스토리를 말하게 된다면 상대방은 당신을 이해하는데 많은 도움이 될 것이다.

취향 검색서비스인 '마이셀럽스'와 영화 추천 앱인 '왓챠'를 통해 자
신의 취향을 살펴보자.

1) 취향 검색 사이트 '마이셀럽스'

빅데이터를 통해 취향을 찾아 볼 수 있는 사이트 – 마이셀럽스

마이셀럽스www.mycelebs.com는 사람들이 검색했던 빅데이터

를 통해 자신의 취향을 쉽게 찾아 볼 수 있는 사이트다. 취향 탐색

은 스타·영화·웹툰·스마트폰 등 4가지로 구성되어 있다. 이 중 본인의 구체적인 취향을 선택하면 그 결과를 바로 확인할 수 있다.

만약 영화에 관심이 있다면 영화 테마를 선택하고 오른쪽 상단의 ∨를 클릭하면 다양한 취향을 선택할 수 있도록 키워드들이 나온다. 자신이 좋아하는 키워드를 선택하거나 영화 분위기에 맞게 다양한 대사·영상·음악·캐릭터를 통해서도 자신의 취향과 관련된 키워드를 선택하고 바로 적용해 볼 수 있다.

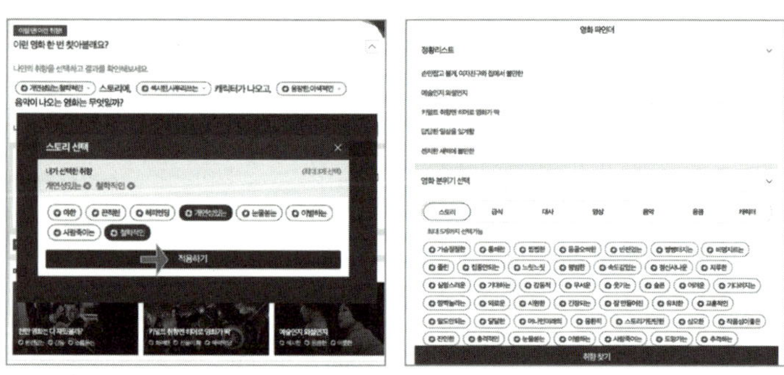

다양한 취향의 키워드를 통해 자신의 취향을 찾아보자

실제로 내가 선택한 취향에 대중의 전체 평균 취향데이터를 반영한 결과가 나오기 때문에 높은 적중률로 나의 취향을 분석해 준다.

2) 영화 추천 앱 '왓챠'

스마트폰에서도 영화 추천 앱을 통해 취향을 탐색해 볼 수 있다. '왓챠'는 영화나 TV, 드라마 등을 추천해 주는 앱이다. 추천뿐만 아니라 자신이 본 영화나 드라마에 대해 별점으로 점수를 입력하면 데이터를 통해 자신의 취향을 세세하게 분석해 주기도 한다.

먼저 구글의 플레이스토어나 애플의 앱스토어에서 '왓챠'를 검색하여 앱을 다운받는다. 사용방법은 간단하다. 카테고리를 선택해 자신이 본 영화에 별점을 주는 것이다. 5점 만점을 기준으로 자신이 본 영화를 검색하거나 화면에 랜덤식으로 평가를 하면 된다.

이 앱의 장점은 영화를 평가한 수가 높아지면 그 통계를 바탕으로 나의 취향을 분석해 준다. 내가 선호하는 키워드는 무엇

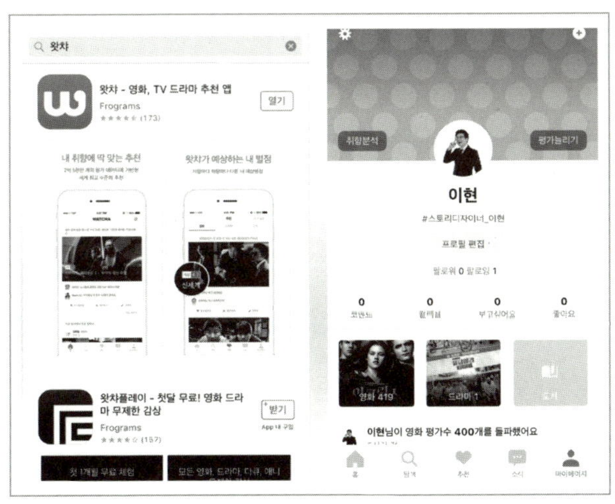

인지, 어떤 장르를 많이 찾아보는지, 어떤 배우의 연기를 좋아
하는지, 영화를 평가하는 성향은 어떠한지 등이다. 따라서 자
신의 데이터를 토대로 자신의 취향을 알 수 있는 좋은 분석 툴이
될 것이다.

영화 분석 앱 왓챠를 활용해 나만의 키워드를 찾아보자

나만의
키워드를 만들어라

#3

긍정의 키워드를
찾아라

학교 선생님들을 대상으로 스토리 디자인 강의를 진행한 적이 있다. 가볍게 분위기를 풀어보기 위해 선생님들의 별명을 소개하는 시간을 가졌는데, 정말 다양한 별명들이 나왔다. 돌부처, 만물박사, 대두, 심지어 소대가리까지….

짧은 시간을 통해 서로의 별명을 공개했는데, 처음에는 어색했던 선생님들이 마치 학창시절의 비밀을 알게 된 것처럼 무척 즐거워했다. 별명의 공감대와 재미가 한몫을 했던 것이다. 신기한 것은 학창시절의 별명만 들었을 뿐인데, 그 사람의 성격과 학창시절의 이미지가 쉽게 연상된다는 점이었다.

별명은 우리가 쉽게 공감할 수 있는 상징이나 단어들로 만들어진다. 그렇다보니 그 사람의 특징을 잘 나타내는 별명을 잘 매칭시키면 오랫동안 기억에 남는다.

하지만 학창시절 때의 별명의 대부분은 흠을 극대화시키거나 독특한 성씨나 이름을 바탕으로 지어지는 것이 많아 나이가 들면 별명을 숨기거나 드러내기를 원치 않는다. 교감선생님의 별명이 소대가리였다는 사실이 학생들에게 알려지면 곤란한 상황이 벌어질 수도 있기 때문이다.

이처럼 별명이 주는 느낌이 싫은 경우도 있고 현재 자신의 위치에 맞지 않는 별명일 수도 있다. 따라서 자신이 앞으로 자주 듣고 싶은 미래의 별명을 만든다고 생각하고, 자신의 장점과 이미지를 더욱 긍정적으로 만들어주는 키워드(닉네임)를 찾아보도록 하자.

나를 드러낼 수 있는
키워드를 디자인하라

해시태그는 한 시대의 트렌드뿐만 아니라 자신을 나타낼 수 있는 중요
한 키워드이기도 하다. 최근에는 일반인들도 자신이 하고 있는 일이나
떠오르는 이미지, 핵심 키워드를 통해 해시태그와 함께 자신을 소개하
는 것을 쉽게 볼 수 있다.

키워드를 통해 자신을 소개해 보자 (화면 캡쳐 : MBC 〈마이 리틀 텔레비전〉)

키워드를 통해 자신을 대신 나타내는 것이니, 자신의 이미지나 직
업 또는 장점을 잘 나타낼 수 있도록 키워드를 만들어야 한다. 물론 마
음에 드는 키워드가 나오기까지는 많은 시간과 노력이 필요한 일이지
만, 자신을 PR해야 하는 시대에 자신을 나타내는 키워드를 찾는 것만

큼 중요한 일이 있겠는가? 필자가 키워드를 도출해 낸 순서와 과정을 키워드 워크북으로 정리해 보았다. 자, 그럼 나만의 키워드를 디자인 해보도록 하자.

- 〈스토리 디자인〉 키워드 워크북

키워드 워크북	과정	세부사항
1	키워드 탐색	1. 당신의 직업을 나타낼 수 있는 단어 2. 당신이 시간을 가장 많이 투자하는 일 3. 자신이 많이 듣는 말, 별명, 인스타그램 해시태그
2	키워드 분류	1. 자신의 신념이나 가치관을 나타내는 단어 2. 신념 매트릭스 그리기 　　X=우선순위① Y= 우선순위② 3. 신념 매트릭스로 키워드 재분류
3	키워드 변환	1. 단어 자체 & 대표 형용사 활용 2. 의성어와 의태어로 변경 3. 키워드 조합 : 더하고 빼고 곱하고 4. 단어 · 문장을 압축 5. 도서, 잡지, 광고 활용
4	키워드 의미부여	1. 키워드의 2차적인 의미 부여 2. 자신의 신념과 연결된 키워드와 새로운 스토리
	키워드 검색 확인	1. 소셜 메트릭스 탐색어 키워드 활용 2. 인스타그램 노출 확인 3. 네이버 검색광고 활용

1) 자신의 직업(하는 일)이나 본인이 시간을 가장 많이 투자하는 일 또는 평소 자신을 나타낸 말을 찾아보도록 하자.

자신의 직업이나 나를 나타내는 단어를 자유롭게 적어보는 것이다. 물론 하는 일과 연령에 따라 키워드의 많고 적음의 차이는 있겠지만 최대한 많이 적어보도록 하자. 좋은 아이디어는 더 이상 생각이 나지 않을 때 문뜩 떠오르기 때문이다. 평소 자신이 즐겨쓰는 해시태그나 별명, 애칭이 있다면 함께 적어본다.

① 당신의 직업(하는 일)을 나타낼 수 있는 단어를 최대한 적어보자.

예) 스토리강사, 경제 리포터, 돈 만지는 사람, 평생 공부하는 사람, 은행원, 교사

② 당신이 시간을 가장 많이 투자하는 일을 적어보자.

예) 글쓰기, 책읽기, SNS, 출납업무, 기획서 작성, 육아, 블로그

③ 평소 자신을 나타내는 말이나 별명 또는 인스타그램 해시태그가 있다면 모두 적어보자.

예) 스마트한 강사, 꽃미남 리포터, 위트가이, 돈마녀, 기획서_마스터, 책쟁이

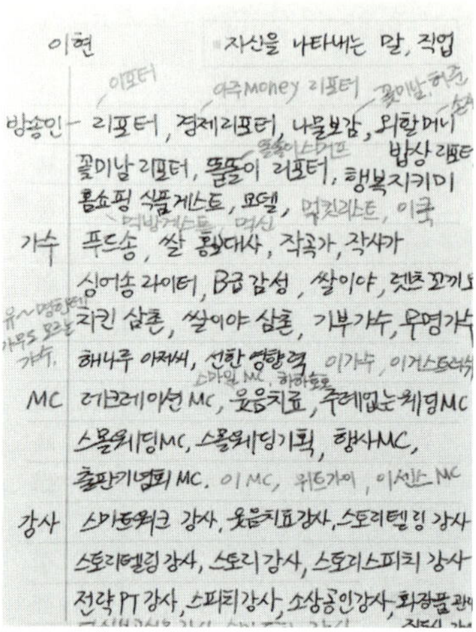

더 이상 키워드가 생각 나지 않는다면 이미 나왔던 키워드를 통해 추가적으로 연상되는 단어가 있는지 생각해 본다. 이때 해당 직업이나 단어를 더욱 친숙하게 부를 수 있는 말들은 무엇이 있을지 고민하면서, 시간 간격을 두고 생각 나는 키워드들을 추가해서 적어보자.

2) 나의 신념 매트릭스를 통해 키워드를 재분류하자.

당신이 살면서 중요하게 생각하는 삶의 가치와 신념을 찾아보자. 평소 자신의 직업과 가치관, 그리고 사람을 만날 때 중요하게 생각하는 단어를 찾아보고, 그 중 우선순위를 정한다. 만약 생각이 나지 않는다면 다음 예시를 참고해서 자신이 중요하게 생각하는 신념의 단어를 우선순위로 체크해 보자.

예) 믿음, 성실, 도전, 끈기, 긍정, 열정, 명예, 가치, 사랑, 보람, 가능성, 창의, 잠재력,

헌신, 봉사, 목표, 꿈, 행복, 권력, 진실, 돈, 희망, 사람, 신뢰, 웃음, 자존감, 정열, 리더십,

종교, 시간, 건강, 가족, 소속감, 효도

① 우선순위가 높은 6개를 뽑아 자신의 핵심 가치관이 담긴 단어를
  함께 적어보자.

② 다음은 빈 종이에 가로와 세로의 선을 교차해서 그려보고, 가로
  축과 세로축에 각각 자신이 추구하는 신념을 하나씩 적어보자.
  첫 번째에서 분류했던 키워드를 신념 매트릭스를 통해 재분류
  하는 것이다.

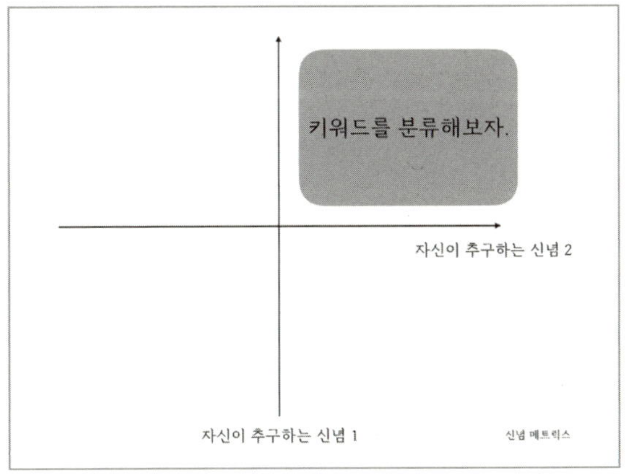

자신이 중요하게 생각하는 신념을 가로와 세로축에 하나씩 적어두
고, 첫 번째 키워드 워크북에서 분류했던 단어를 신념 매트릭스에 적

용해 본다. 우선순위를 기준으로 뽑은 6개의 키워드를 신념 매트릭스로 다시 분류해 보고, 공통적으로 나오는 항목을 추려보자.

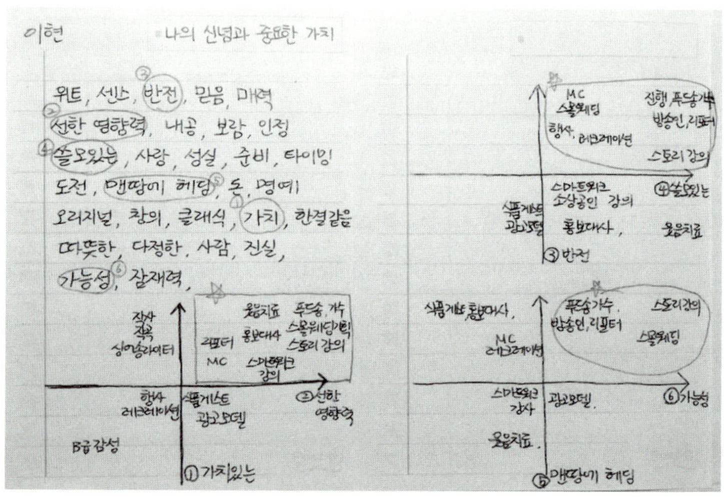

신념 매트릭스를 통해 키워드를 재분류하는 이유는 자신의 가치관이나 신념이 가장 잘 드러난 분야에서 뽑아낸 키워드는 자신의 핵심가치를 나타낼 수 있는 가능성이 크기 때문이다. 이때 당신이 최종적으로 뽑아낸 키워드가 당신을 과장하거나 홍보하는 데만 초점이 맞춰져 있지는 않은지, 자신의 이미지와 잘 어울리는지 등 주변 사람들에게 조언을 구해 보도록 한다.

자신의 삶의 가치를 담아낸 키워드를 바탕으로 자신의 직업과 관련된 단어들을 분류해 보고, 도출된 키워드를 다시 새롭게 나만의 키워드로 바꿔 보도록 한다.

3) 분류된 키워드를 새롭게 변환시켜라.

신념 매트릭스를 통해 도출된 나의 공통 키워드를 적어보자.

예) 스토리 강사, 푸드송 가수, 리포터, MC

____

____

신념 매트릭스를 통해 도출된 필자의 키워드 중 하나는 '스토리 강사'이다. 하지만 단순한 스토리 강사로는 기존과 다른 차별점을 내세울 수 없다.

자신을 나타내는 키워드를 만드는 과정은 상대의 기억에 오랫동안 남거나 검색에 잘 노출되기 위함이다. 하지만 빅데이터의 시대에 이미 포화되어 있는 단어나 키워드를 사용한다면 기존에 우위를 차지하고 있는 키워드에 밀려 검색과 노출이 쉽게 되지 않는다. 다시 한 번 본인이 뽑은 5가지 키워드가 참신하고 기억되기 쉬운지, 자신만의 색깔이 느껴지는지를 살펴보고, 그렇지 않다면 틈새시장을 노리기 위한 당신만의 키워드를 새롭게 만들어야 한다.

스토리와 스토리 강사를 뛰어넘는 나만의 새로운 키워드를 만들어야 한다. 다음 5가지 방법을 통해 기존에 없던 새로운 키워드를 만들어보자.

① 단어나 형용사를 활용해 보자.

다음 예시에 적혀있는 단어(가치를 나타내는 형용사) 중 나를 대신

나타낼 수 있는 단어나 형용사를 인터넷 국어사전을 통해 찾아보

고, 다양한 국적의 언어와 유의어는 무엇이 있는지 확인해 보자.

예) 따뜻한, 다정한, 부지런한, 매력적인, 위트 있는, 반전 있는, 지적인, 스마트한, 완벽

한, 자신감 있는, 정의로운, 자상한, 신중한, 정열적인, 지혜로운, 주도적인, 매혹적인, 활기

찬, 우직한, 한결같은, 쓸모 있는, 가능성이 있는, 유머러스한, 절제된, 조화로운, 평온한,

배려 깊은, 참을성 있는, 센스 있는, 유쾌한, 긍정적인, 사교적인, 겸손한, 순발력 있는, 분위

기 있는, 개성 있는, 사랑스러운, 세련된, 감각적인, 인복 있는, 듬직한, 통찰력 있는, 맑은,

밝은, 섬세한, 헌신적인, 이타적인, 친절한, 영향력 있는, 친근한, 본능적인, 원초적인, 마

초스러운, 여성스러운

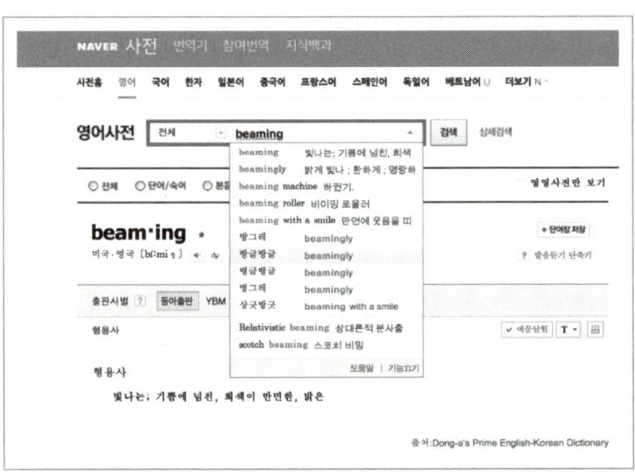

긍정의 형용사를 찾아 다양한 언어 등으로 바꿔보자

② 단어를 의성어와 의태어로 변형해 보자.

형용사를 대신 나타낼 수 있는 의성어 · 의태어를 찾아 또 다른

키워드와 접목시켜 보자. '마이 블링블링', '빵빵한 빵집', '김치
톡톡', '후르륵 국수'처럼 함께 사용할 수 있는 키워드를 찾는 것
이다.

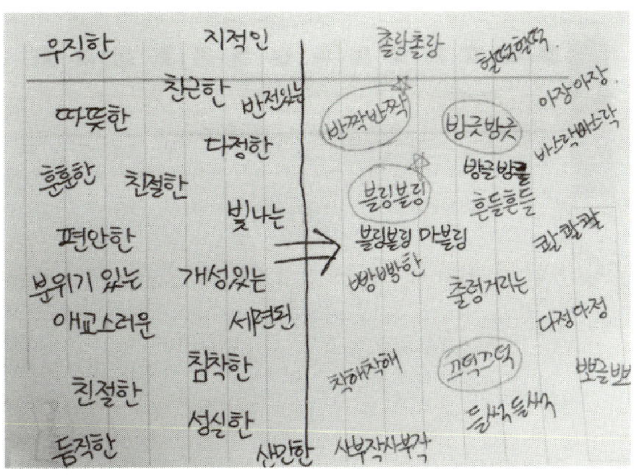

③ 키워드 + (키워드) 형태로 단어를 조합해 보자.

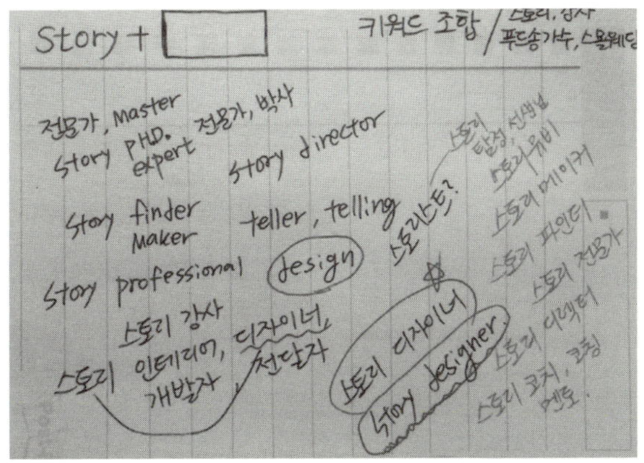

X(키워드)+Y(키워드)=Z(새로운 키워드) 형태로, 키워드에 또 다른

키워드를 더해 새로운 형태의 키워드를 만드는 것이다. 따라서 자신의 키워드인 '스토리'에 새로운 단어를 더해서 또 다른 무엇을 만들 수 있는지 다양한 단어를 조합해 보고, 키워드와 가장 잘 어울리는 단어를 정리해 보자.

예) 스토리 + (디자인, 디자이너) = 스토리 디자인, 스토리 디자이너

---

④ 문장이나 단어 형태를 압축해 기억하기 쉽게 줄여보자.

패밀리 레스토랑 '빕스 VIPS'는 Very Important Person's Society의 약자로, '고객 한 분 한 분을 귀한 손님으로 소중하게 모시겠다'는 뜻이 담겨져 있다. 또 '세바시(세상을 바꾸는 시간 15분)'처럼 자신이 생각하는 단어를 압축해 만들어 보자.

자신의 이름이나 평소 자주 듣는 별명의 이니셜을 통해 의미를 부여해 보는 것도 좋다. 퀸즈MC 대표인 김현영 아나운서는 미국 드라마 〈섹스엔더씨티〉에 나오는 등장인물 사만다를 닮아 '사만다'라는 별명을 가지고 있었다. 사만다의 앞 글자만 딴 이니셜 SMD에 자신을 잘 나타낼 수 있는 키워드인 #Super #Mind #Director라는 자신만의 새로운 키워드를 만들어냈다. 또 〈신은경의 차차차〉라는 책은 세 개의 키워드인 challenge, chance, change에서 cha를 남기고 단어의 나머지를 삭제함으로써 '차차차'라는 새로운 키워드를 얻어내기도 했다.

단어의 이니셜을 통해 자신만의 키워드를 만든 사례 – 아나운서 김현영

⑤ **도서, 잡지, 광고에서 팁을 얻어라.**

도서와 잡지의 표지(제목), 좋은 광고를 통해 영향력 있는 키워드를 얻을 수 있다. 커피숍에 비치되어 있는 잡지의 광고를 보면서 새로운 키워드를 떠올려 보는 것이다. 특히 잡지의 광고는 많은 고민과 편집을 거쳐 나온 최종의 결과물이기 때문에 단어나 문장을 참고해서 활용하면 좋은 결과를 얻을 수 있다.

예를 들어 잡지를 보면서 괜찮은 문장이나 키워드들을 다음과 같이 나열해 보고, 핵심상품을 칭하는 단어에 들어갈 어울리는 새로운 키워드를 찾아보는 것이다.

또 서점에 가면 각종 도서들이 빛나는 제목들로 손길을 기다리

고 있다. 내 관심을 끌어서 책을 열어보게 만드는 책의 제목과
키워드를 참고해서 새롭게 변형해 보는 것도 좋은 방법이다.

ex) Super-normal, 최선을 다해 (   )이 되길

(   )과 삶의 가치를 나누다. 가장 자연스러운 (   )을 선사합니다.

(   ), 향기로운 권위 / 같은 (   ), 다른 느낌

(   )과 함께 한 순간, 나의 (   )은 가장 빛난다.

(   ) 안의 단어를 바꿔보면서 새로운 문장이나 키워드를 만들
어 보자. 최고를 나타내는 super와 평범함을 나타내는 단어인
normal을 나타내는 단어를 통해 '최선을 다해 보통이 되길'이라
는 뜻으로 제작된 광고 키워드의 경우 'super-normal'이라는 반
대되는 단어를 통해 메시지를 주고 있다. super-normal처럼 비
슷하면서 다른 의미를 담고 있는 단어를 새롭게 찾아보는 것도
좋은 방법이다.

4) 키워드에 나만의 의미를 부여해 보자.

지금까지의 과정을 거쳐 나만의 키워드를 만들어봤다면 해당 단
어가 가지고 있는 1차적인 의미를 포함한 나만의 특별한 의미를 부여
해 보자. 내가 만든 키워드를 상대방이 듣고 어떤 느낌을 받았으면 좋
을지 생각해 보고, 그 키워드를 통해 내가 전달하고 싶은 이미지나 느
낌·메시지를 함축적으로 보여줄 수 있는지 고민해야 한다. 그리고 자

신이 뜻하는 바를 명확하게 보여줄 수 있는 키워드와 특별한 나만의 의미를 부여해 키워드를 디자인해 보자.

이때 짧은 문장으로 정리해서 임팩트 있게 전달하는 것도 좋고, 자기소개서를 쓰듯이 상세하게 정리해 두면 상황별로 다양하게 활용할 수 있다.

다음은 필자의 #해시태그 키워드이다. 3가지 키워드에 나만의 의미를 담아 스토리를 디자인해 본 것이니 참고하기 바란다.

#스토리디자이너 #마블링 #비밍

① #스토리디자이너

누구에게나 스토리가 있다. 시대나 환경, 주변 상황에 따라 비슷할 수는 있겠지만, 같은 삶을 사는 사람은 없다. 외모를 구분하기 힘든 일란성 쌍둥이도 커가면서 각자의 방식으로 자신만의 스토리를 만들어 나간다. 하지만 오랫동안 기억에 남는 스토리를 찾아보기 힘들다.

그 이유는 개인의 생각을 상대에게 일방적으로 전달하는 상담식 스토리텔링에 익숙해져 있기 때문이다. 스토리를 만들어 내는 능력은 특정한 개인의 역량이라 생각하고, 자극적인 소재의 스토리만 찾거나 남의 성공 스토리에 더욱 많은 관심을 쏟는다. 하지만 관심있게 살펴보면 우리의 일상은 온통 스토리로 가득차 있다.

우리는 상대에게 좋은 이미지를 남기며 소통하고 싶어한다. 그러기 위해서는 제일 먼저 자신이 가지고 있는 스토리를 잘 정리해야 한다. 언제든지 자신의 이야기를 꺼내어 전달할 수 있도록 내 삶의 스토리를 디자인해 놓아야 한다.

스토리 디자인의 목적은 자신이 가지고 있는 스토리story를 찾아보고, 때와 목적에 맞게 자신의 스토리를 정리해design 평범한 사람도 나만의 스토리를 만들고 활용할 수 있는 상태로 만드는 것이다.

② #마블링

나의 두 번째 해시태그는 '마블링'이다. 대부분 '마블링'하면 소고기에 핀 하얀 마블링을 생각한다. 하지만 마블링은 물과 기름이 서로 섞이지 않는 성질을 이용해 우연의 효과를 살려 작품을 제작하는 미술기법 중 하나를 뜻하기도 한다. 나는 물과 기름처럼 어울리지 않는 반대의 것들을 조화롭게 만드는 모든 것을 최고의 매력으로 뽑는다. 바로 반전의 매력이다. 지금 활동하고 있는 푸드송 가수 〈마블링〉의 이름도 사실 상반된 성향의 두 사람을 의미한다. 다른 한 멤버가 기름이라면 나는 정반대인 물의 성향을 띈다. 하지만 둘을 한 자리에 같이 놓고 보면 새로운 시너지가 생겨 '어울림'이라는 또다른 의미가 생겨난다.

누구나 예측이 가능한 순간은 크게 매력적이지 않다. 오히려 우연하지 않은 기회로 노출됐을 때 진정한 반전의 매력이 돋보인

다. 나 또한 그런 반전 있는 삶을 꿈꾸는 super-normal 마블링
으로 살고 싶다.

③ #비밍

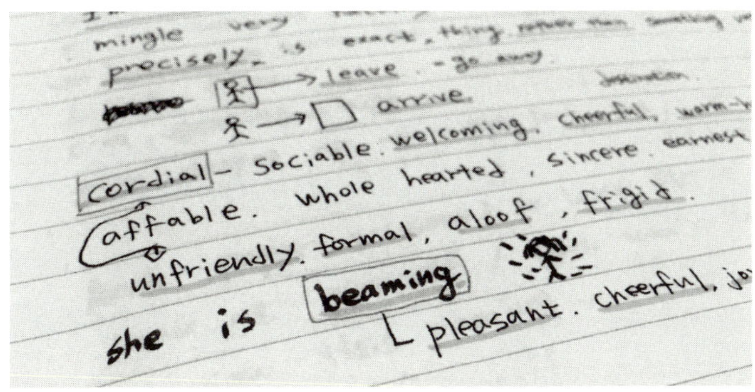

학창시절 아리따운 여성이 지나가자 외국인 친구가 "wow~she's
beaming!!"이라는 말을 했다. 'beaming'이라는 단어는 'beam(광
선) + ing'가 합쳐진 형용사로 '빛나다, (그녀에게서) 후광이 난다'
라는 표현이다. 단어 자체가 주는 '밝은, 빛나는'이란 의미도 마
음에 들었지만, 한글로 '비밍'이라고 했을 때 부르기도 쉽고 담
고 있는 느낌도 좋아서 나의 키워드로 정했다. 이 책을 쓰는 이
유도 '내 삶의 스토리를 좀 더 '비밍', 즉 빛내기 위한 까닭이다'.
이처럼 어디에도 다양하게 접목시킬 수 있는 비밍은 내가 꿈꾸
는 삶의 키워드이고, '자신의 삶을 빛내고 싶은 사람들'과 함께
하고 싶은 희망의 키워드이다.

앞에서 키워드 워크북을 통해 새로운 키워드를 만들었다면 이 키워드가 좋은 의미로 사람들에게 느껴지는지 확인해 볼 필요가 있다. '소셜 메트릭스'와 '인스타그램', '네이버 검색광고'를 통해 탐색어 여론과 검색 노출을 확인해 보자.

1) 긍정과 부정의 의미를 찾는 '소셜 메트릭스'

키워드에 대한 긍정과 부정의 의미를 찾고자 한다면 '소셜 메트릭스'를 통해 쉽게 확인해 볼 수 있다.

'소셜 메트릭스'의 홈페이지 insight.some.co.kr에 가면 해당 키워드의 다양한 소셜 인사이트를 얻을 수 있다. 홈페이지 상단의 소셜 인사이트를 클릭하고 관련 키워드를 입력하면 해당 키워드와 관련된 연관 탐색어와 탐색어 추이, 탐색어 여론을 쉽게 확인할 수 있다.

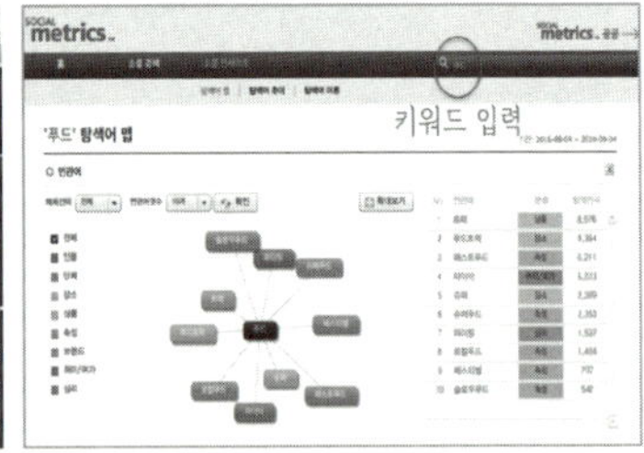

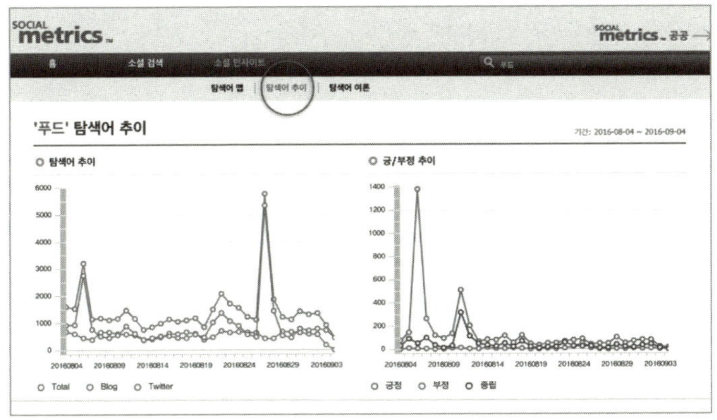

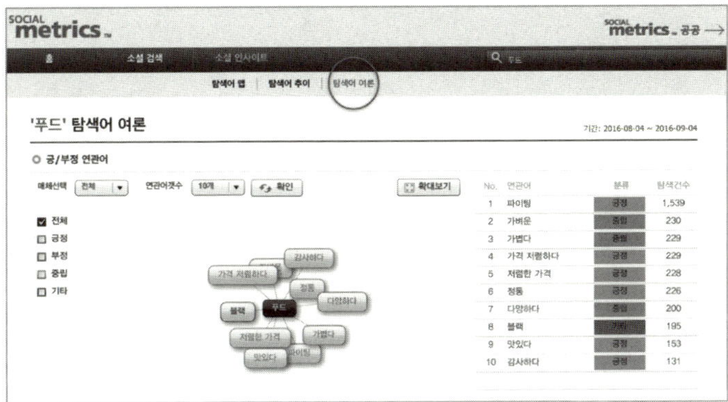

부정적인 의미가 포함되지 않았는지 탐색어 추이와 탐색어 여론을 확인해 보자

만약 자신의 키워드가 #푸드라면 그 단어에 대해 검색해 보고 그 단어를 중심으로 나온 느낌과 단어들을 살펴보자. 이때 너무 부정적인 의견이 많으면 다른 키워드를 찾아 다시 검색하는 것이 좋다. 그리고 키워드가 너무 생소하거나 다른 사람들이 관심을 가질

만한지도 함께 고민해 봐야 한다.

2) 검색 노출을 확인하는 '인스타그램'

많은 사람이 관심을 갖고 공감하는 키워드는 인스타그램을 통해 확인할 수 있다. 인스타그램 검색창에 해당 키워드를 입력해 보고 게시물의 양을 확인해 보는 것이다. 예를 들어 'food'라고 검색하면 2016년 9월 기준 1억 8,000만개('푸드'는 21만개)가 넘는 게시물이 달려있다. #음식 #food라는 소재는 분명 많은 관심과 사랑을 받고 있는 인기 소재임을 확인할 수 있다.

3) 네이버 검색광고 활용하기

다음은 사람들이 키워드를 얼마나 많이 검색하는지 검색 결과를 알려주는 네이버 검색광고를 확인해 보자. 우선 네이버에서 '네이버 검색광고'라고 검색하여 '네이버 검색광고' 페이지로 이동하여 회원가입을 한 후 로그인을 한다.

그리고 오른쪽의 '새로운 광고시스템'을 클릭하고, 다음 화면 왼쪽 상단의 '도구 → 키워드 도구'를 클릭하여 원하는 키워드를 입력해서 검색 결과를 조회할 수 있다.

키워드라고 적힌 박스 안에 자신이 만든 키워드를 입력하면 검색한 키워드가 먼저 나오고 추가로 연관 키워드도 함께 조회된다. 월간 검색 수, 월평균 클릭 수, 월평균 클릭률, 경쟁 정도, 월평균 노출 광고 수를 PC와 모바일로 나눠서 조회 결과를 확인해 볼 수 있다.

이처럼 네이버 검색광고를 통해 새롭게 만든 키워드에 대해 사람들이 얼마나 많이 검색하는지, 그리고 키워드의 경쟁 정도가 높은지 낮은지를 한눈에 확인할 수 있으니 자신의 키워드를 만들었다면 네이버 검색광고를 통해 검색 노출을 확인해 보는 것도 좋은 방법이다.

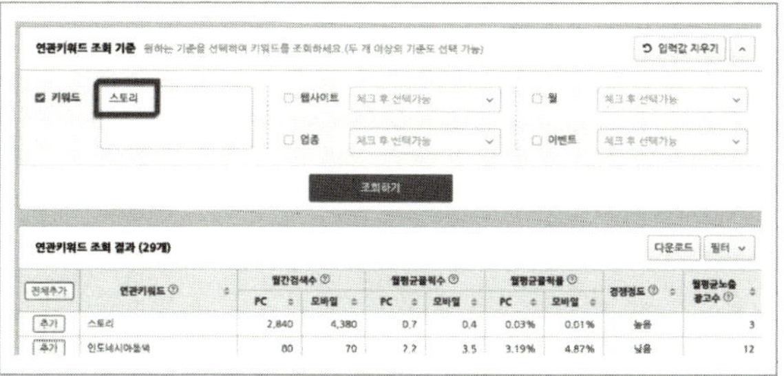

Chapter
3

나만의 스토리를
만드는 3단계
핵심 스킬______

상대방이 궁금해 할 질문을 던져라

#1

홈쇼핑 채널의 비결 – 질문으로 관심을 끌어라

TV 채널을 돌리다가 홈쇼핑 쇼호스트가 무심코 던진 질문에 반응해 채널을 멈추거나, 무언가에 홀린 듯이 한참을 넋 놓고 방송을 보게 된 경우가 한 번쯤 있을 것이다. TV홈쇼핑 채널은 주로 지상파나 종편의 채널 사이에 위치해 있고, 홈쇼핑의 고객은 프로그램이 끝나고 채널을 돌리는 짧은 순간에 주로 유입된다. 그렇다보니 리모컨 버튼을 눌러 채널을 돌리는 그 짧은 시간에 고객의 눈과 귀를 사로잡아야 한다. 정말 초를 다투는 방송이다. 그럼에도 불구하고 홈쇼핑의 매출은 상상을 초월한다. 그 짧은 시간 안에 고객의 관심을 사로잡을 수 있는 비결은 뭘까?

홈쇼핑 방송을 진행하는 쇼호스트들은 질문의 고수이다. 특히 고객이 궁금해 할 만한 질문을 많이 던진다. 여기에 고객의 귀를 솔깃하게 만드는 비법이 숨겨져 있다.

홈쇼핑에서 물건을 사게 되는 경우를 보면 대부분 이런 과정을 거친다. TV 채널을 돌리다가 "혹시 키위로 다이어트 한다는 말 들어보셨어요?"라는 쇼호스트의 질문을 듣는다. '다이어트?' 우선 귀가 먼저 반응한다. 그런데 '키위로 다이어트? 원푸드 다이어트인가?' 하고 궁금해 하는 순간 "이런 거 보신 적 있으세요?"라는 쇼호스트의 멘트에

(출처 : K쇼핑)

자연스럽게 상품으로 시선이 간다. 그리고 "이건 제가 실제로 먹어보니까…"라면서 제품을 마치 고객이 사용하고 있거나 먹고 있는 느낌이 들게 생생하게 설명해준다. 맛을 볼 수도 없고 상품을 만져볼 수도 없지만, 쇼호스트가 하는 말을 들으면 굳이 먹어보거나 만져보지 않아도 괜찮을 것 같다는 생각이 든다.

"이건 꼭 보여드렸으면 좋겠어요~" 하고 고객이 궁금해 할 만한 멘트를 던지며 상대가 귀를 기울이게 만들어 자신이 준비한 상품을 설명하기 전에 상대의 관심(채널)이 돌아가지 않도록 중간중간 계속 질문을 던져 상대의 관심을 끄는 것이다.

처음 방송을 본 고객들은 자연스럽게 쇼호스트가 준비한 순서에 따라 상품에 대한 정보를 자연스럽게 받아들인다. 물론 좋은 가격과 푸짐한 구성 또한 상품을 구매하게 만드는 요소이다. 하지만 상품에 관심이 없는 고객들을 대상으로 "혹시 이런 거 들어보셨어요? 이거 알고 계세요?" 하고 상대의 귀를 사로잡을 만한 질문을 던져 짧은 시간에 고객의 관심을 사로잡을 수 있게 만드는 쇼호스트의 능력 또한 상품을 구매하게 만드는 핵심요소이다.

이처럼 사람들의 궁금증을 유발시켜 물건을 사게 하거나 영화를 보게 만들거나 혹은 내 이야기에 빠져들 수 있도록 관심을 잡아두고 싶다면 그 비결은 바로 '질문'에 있다.

내 이야기를 들을 준비가 안 된 상대에게 권투선수가 잽을 날리듯 빠르게 질문을 던져 고객을 멍하니 만들어야 한다.

질문을 던져
상대를 짭핑하라

"식사 하셨어요?" "그동안 별일 없으셨어요?" 이렇게 질문을 던져 인사를 하는 이유는 상대와의 낯선 분위기를 깨고 대화를 편하게 시작하고 싶다는 관심의 표현이다. 당신과 이야기를 나누고 싶다는 것이다.

우리는 질문을 받게 되면 자연스럽게 질문에 대한 답을 생각하게 된다. 따라서 당신의 이야기를 받아들일 준비를 할 수 있도록 대답하기 쉬운 질문을 시작으로 스토리를 풀어나가야 한다. 섣불리 본론을 꺼내는 것은 위험하다. 상대는 당신이 하려는 이야기에 관심조차 없을 수 있기 때문이다. 따라서 상대가 호의적인 반응을 보일 수 있도록, 그리고 상대가 내 질문에 관심을 가질 수 있도록 만들어야 한다. 예를 들어보자.

세탁기를 사러오시는 분은 어떤점을 가장 많이 물어보시나요
이 세탁기 빨래가 잘 되나요? 이렇게 물어보는 고객은 이제 별로 없습니다.
왜냐하면 빨래는 기본이니까요 그렇다면 우리 고객들은 어떠한 점 때문에
세탁기를 고를까요? 많은 기능들이 있습니다. 요약을 해서 가장중요한
포인트를 짚어 드리겠습니다.
첫번째 가장중요한 것은요. 바로 은에 있습니다. 하우젠 은나노 세탁기는 은물로
빨래를 해줍니다. 은은 지구상에 거의 모든 세균을 죽일 수 있는 힘을 가지고 있습니다.
그리고 지킬 수 있는 향균능력을 가지고 있습니다. 그런데 그냥 은이 아니라
은이 이온화 되었을때 역활을 하게 되는데요. 이온이란 뭐나~ 좀 어려울수가 있습니다.
그냥 은이 아니라 은 이온은 좀 불안정한 상태입니다. 자꾸 부족하기 때문에
자꾸 붙으려고 해요 그래서 세균에 딱 붙어서 세균이 살지 못하게 괴롭히는 겁니다
호흡부분을 방해해서 질식하게 만드는 겁니다. 사람도 공기가 안좋고 왜 독가스를
마시면 바로 질식해 숨지듯이 아주 작~은 입자! 보이지 않는 입자가 되었을 경우에는
세균을 딱 붙어서 죽인다는 이야기가 되겠구요

하우젠 은나노 세탁기 방송 멘트

위의 글은 실제 은나노 세탁기를 판매했던 쇼호스트(김효석)의 방송 멘트를 필자가 그대로 옮겨 적어본 것이다. 쇼호스트에게는 단 1초라도 판매 매출과 직결되기 때문에 상품을 바로 소개하는 것이 좋다고 생각할 수도 있다. 하지만 '오늘 세탁기 사야지~' 하며 기다리면서 홈쇼핑 방송을 보는 고객은 별로 없다. 따라서 상품에 대해 큰 관심이 없는 사람들에게 질문을 던져 관심을 끌어야 한다.

"세탁기를 사러 오시는 분은 어떤 점을 가장 많이 물어 보시나요? 이 세탁기 빨래가 잘되나요? 이렇게 물어보는 고객은 이젠 별로 없습니다. 왜냐하면 빨래는 기본이니까요."

처음에는 가벼운 질문을 던지면서 고객들의 관심을 얻는다. 그리고 "요즘 빨래 잘되는 건 기본이죠!! 맞죠?"라고 질문을 던져 고객들에게서 YES를 끌어낸다. 그리고 고객에게 생각을 하게 만드는 쨉핑 질문을 빠르게 던지는 것이다.

"그렇다면 우리 고객들은 어떠한 점 때문에 세탁기를 고를까요?"

위의 질문처럼 바로 답하기 힘든 질문을 던지면 상대는 질문에 대한 대답을 생각하게 된다. 마치 권투선수가 잽을 날리는듯한 #쨉핑 질문을 던져 상대를 멍하게 만드는 것이다. '세탁기 고를 때 어떤 점을 고민하지?' 하고 고객이 질문에 대한 대답을 생각하는 그 순간 "제가 요약해서 가장 중요한 포인트를 짚어 드리겠습니다"라고 본론으로 자연스럽게 넘어가는 것이다. 이처럼 동의를 구하는 질문과 쉽게 대답할 수 있는 질문을 섞어 YES를 이끌어 낸 후 고객을 생각하게 만드는 쨉핑 질문을 던지는 것이다.

"고객 분들은 이런 질문을 많이 하실 거에요" "그럼, 또 물어보실 거에요" "이 얘긴 뭐냐 하면요" "이걸 꼭 보여드렸으면 좋겠어요" 이처럼 고객이 궁금해 할 만한 멘트를 계속 던져 고객의 관심이 끊어지지 않게 만드는 것이다. 그리고 '포인트를 요약했다고 하니 잠깐 들어볼까?' 하는 마음이 들게 만드는 것이다.

대본 없이 생방송으로 진행되는 홈쇼핑 채널을 유심히 살펴보면 처음에 그들이 고객의 관심을 사로잡기 위해 어떤 질문을 자주 사용하는지 그들의 쨉핑 질문을 쉽게 알아챌 수 있을 것이다. 홈쇼핑 방송뿐만 아니라 내가 전하려는 스토리도 상대의 관심을 사로잡으려면 먼저 상대를 멍하게 만드는 쨉핑 질문을 던져야 한다.

쨉핑노트를 만들자!

좋은 질문은 쉽게 떠오르지 않는다. 대상이나 목적에 따라 세세하게 관심을 갖고 고민했을 때 비로소 좋은 질문이 나오기 때문이다. 상대의 관심을 이끄는 좋은 질문을 던지기 위해 평소 다양한 질문과 궁금증을 유발시키는 이슈들을 담아둘 쩹핑노트를 만들어 두면 당신의 이야기를 흥미롭게 시작하기에 좋다. 쩹핑노트에는 최근 유행하고 있는 신조어나 인기를 끌고 있는 키워드 등 사람들의 관심을 끌거나 또는 흥미롭게 읽었던 기사를 스크랩해 두는 것이다.

우선 상대를 혹하게 만들 수 있는 질문을 찾아보자! 사람들이 관심을 가지고 들을 만한 신기한 소식이나 뉴스 등 이슈가 될만한 내용의 질문은 무엇이 있는지 찾아보자.

IT 기업 유명한 CEO, 성공한 사람들 20명의 스마트폰 홈 화면
(출처 : http://smartincome.tistory.com/311)

인터넷 검색 중 'IT 기업 유명한 CEO들의 스마트폰 홈 화면'이라는 제목으로 많은 사람의 관심을 끌었던 포스팅을 보았다. 이 제목을

보고 'CEO들은 스마트폰 홈 화면을 어떻게 쓸까' 하는 생각과 함께 어느 순간 나도 모르게 클릭해서 읽고 있었다. 이 포스팅의 목적은 훌륭한 앱을 소개해 주는 것이었다. 그런데 내용을 보면 CEO들의 스마트폰 바탕화면을 통해 "○○○ 대표는 깨끗한 지메일 기록(읽지 않은 이메일이 없음)을 가지고 있네요." "스마트폰 홈 화면 첫 페이지에는 소셜미디어 관련 앱들이 하나도 없네요." 등 각 CEO의 개인적인 성향과 업무 스타일에 관심을 가지는 것이 더욱 흥미로웠다.

필자는 이 제목과 기사를 쩝핑노트에 잘 옮겨두었다가 "혹시 제 스마트폰의 홈 화면에 어떤 앱이 있는 줄 아세요"라고 쩝핑 질문을 던지면서 SNS 강의를 시작했는데, 청중들의 관심과 반응이 매우 높았다.

또 '승무원이 해외에서 꼭 사오는 아이템'이라는 제목을 봤을 때도 마찬가지로 쩝핑노트에 옮겨 적고, 화장품관리사 자격증을 공부하시는 분들을 대상으로 강의를 할 때 참고하기도 했다.

이처럼 내가 관심을 가지고 클릭한 인터넷 기사나 상품을 구매할 때 재미있게 본 광고 문구 등 흥미로운 이슈들을 찾아보면 사람들의 궁금증을 유발할 수 있는 쩝핑 질문을 쉽게 만들 수 있다. '피해야 할 여자 친구 유형 Top 10' '아인슈타인의 인생 명언 20가지' '직장인의 심금을 울리는 미생 속 명대사

(출처 : www.vogue.com)

12선'과 같은 리스트 형식과 why에 답을 주는 제목을 활용한다면 흥미를 유발하며 시선을 사로잡을 수 있다.

따라서 재미있는 질문이나 키워드, 신기한 제목의 기사를 모아두는 쨉핑노트를 만들면 당신이 전달하려는 스토리는 한층 더 강력하게 시작될 것이다.

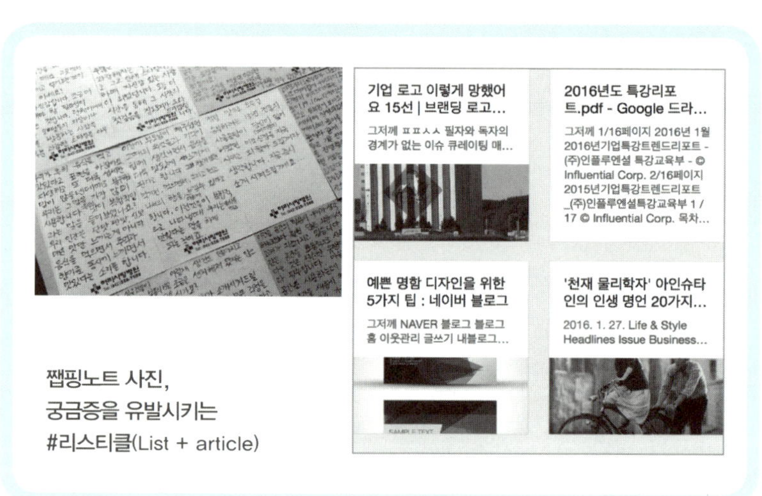

쨉핑노트 사진,
궁금증을 유발시키는
#리스티클(List + article)

#
서론에는 상대의 흥미와 시선을 사로잡는
쨉핑 질문을 통해
상대의 마음을 움직이게 만들어야 한다.

필자는 '나물보감'이란 프로그램을 진행하면서 인터넷에서 인상깊게 봤던 기사 중 궁금증을 유발시키는 쨉핑 질문으로 방송 오프닝을 만들어 보았다.

우리가 흔히 음식을 먹고 맛있다고 표현하잖아요. 다양하고 또 더욱 섬세한 말이 많은데도 불구하고 우리는 그 말을

나물보감 사진 (출처 : TJB 생방송 투데이)

왜 가장 많이 사용할까요? 혹시 "맛이 복합적이라는 말 들어보셨나요?" 사람은 음식을 먹을 때 단맛, 짠맛, 신맛, 매운맛만 느끼는 것이 아니라, 그때의 추억들과 음식을 함께 느끼게 된다고 합니다. 이렇게 맛과 추억, 그리고 향기가 복합적으로 나타날 때 우리는 음식을 먹고, '아! 맛있다!'라고 말을 하게 되는 것이죠. 오늘은 바로 '아! 맛있다!'는 말밖에 표현할 수 없는 나물, 쑥 이야기를 전하고자 합니다.

누구나 예측할 수 있는 뻔한 스토리가 되지 않도록 쨉핑 질문을 통해 스토리를 조금 더 궁금하게 만들어 봤다.

처음에는 "음식을 먹고 맛있다고 표현하잖아요"처럼 Yes를 끌어낼 수 있는 질문을 가볍게 던지고 "다양하고 또 섬세한 말이 많은 데도 왜 맛있다는 말을 가장 많이 사용할까요?"라는 쨉핑 질문을 던져 생각하게 만든 후 '맛이 복합적'이라는 말로 궁금증을 유발시키니 '다음에는 어떤 이야기가 나올까' 하고 관심이 집중되었다.

서론 부분에서는 상대를 궁금하게 만드는 쨉핑 질문을 잘 던진다면 나의 스토리는 한층 더 강력하게 시작될 것이다.

본론
스토리의 배경을 구체화하라
#2

구체적으로, 세세하게 말하라

누군가에게 길을 설명해 주거나 물어 본 경험이 한 번쯤 있을 것이다. 하지만 상대가 쉽게 알아들을 수 있도록 길을 잘 설명하는 것은 생각처럼 쉽지 않다. 상대방의 입장에서 생각하지 않으면 내가 잘 알고 있는 길이라도 쉽게 설명해 줄 수 없기 때문이다.

처음 방문하는 사람에게 특정 건물이나 목적지만 알려준다고 해서 상대가 쉽게 찾아올 수 있는 것은 아니다. 위에서 설명해 준 건물(당구장, 전자담배, 스크린골프장)은 모두 남성의 눈에 익숙한 설명이다. 생각이나 정보가 일치되는 곳이 있어야 상대방도 나의 설명을 머릿속으로 그려보며 쉽게 따라올 수 있게 된다. 주변에 무엇이 있는지 세세하게 설명하고 상대가 쉽게 알 수 있는 상호는 뭐가 있는지, 대표적인 장소나 위치 등을 연령과 성별에 따라 가능하면 상세하게 알려줘야 한다. 목적지로 잘 따라올 수 있도록 그들의 시선에서 객관적인 상황을 말해주는 것이 필요하다.

길을 설명해 주는 것과 마찬가지로 스토리를 전달하는 데만 급급하다 보면 상대가 미처 이해하거나 공감하지 못한 채 그냥 넘어가는 실수를 하는 경우가 많다. 그러면 상대는 '도대체 무슨 말을 하는 거지?' 하고 당신의 이야기에서 벗어나 길을 헤매게 되는 것이다.

본론 부분은 누구나 쉽고 이해하기 편한 수준에서 스토리의 배경을 최대한 객관적으로 설명해 줘야 한다. 내가 전하려는 주제나 내용을 상대는 처음 들을 수도 있기 때문에 상대가 나의 입장에서 함께 걸어가듯이 생생하게 현장의 이야기를 전해줘야 한다.

길을 헤매지 않고 목적지에 잘 도착할 수 있도록 이정표가 되는 #이미지나 #키워드를 중간중간 보여줘야 한다. 자신의 눈으로 확인할 수 있는 구체적이고 객관적인 정보를 보여주며 상대방 스스로가 생각할 수 있도록 방향을 잡아주어야 한다.

앞에서 상대의 관심을 끌기 위한 질문을 던져 상대의 시선을 사로잡았다면, 이제는 내가 하는 스토리가 들을 만한 가치가 있는 내용이고 믿을 만한 내용이라는 것을 객관적이고 구체적으로 보여줘야 한다.

객관적인 자료 수집 – 구글링하라

당신의 스토리를 뒷받침해 줄 수 있으려면 상황을 보여줄 수 있는 객관적인 자료를 보여줘야 한다. 단순히 '올해 영업을 열심히 했다'라는 말보다 '2016년 상반기 영업실적 자료'를 첨부해서 함께 보여줄 수 있다면 당신이 전하는 스토리의 설득력을 더욱 높일 수 있다.

필자는 필요한 자료를 찾거나 수집할 때 제일 먼저 구글google 검색을 하는데, 이때 단순히 키워드를 검색하는 것보다 구글의 고급검색을 이용하면 좀 더 양질의 정보를 찾을 수 있다.

만약 '스토리'에 대한 자료나 정보가 필요하다면 검색창에 '스토리'를 입력하면 된다. 하지만 수많은 정보들 중 신뢰할 수 있는 양질의 정보를 찾을 수 있어야 한다. 그래서 필자는 구글 검색을 할 때 intext : ○ ○○ site : ○○○ filetype : ○○○ 형태로 검색을 한다.

intext : **(키워드)** site : (go.kr, ac.kr) filetype : (ppt, pdf)

intext : 뒤에는 검색하려는 키워드를 적고 site : 뒤에는 국가 도메인 주소인 go.kr나 학교 도메인 ac.kr을 적어두면 해당 주소를 가지고 있는 검색 결과만 나온다. 또 완성된 파일은 대부분 ppt나 pdf의 파일 형식으로 저장되기 때문에 filetype : 뒤에 ppt, pdf를 써서 검색하면 해당 파일 양식의 자료만 검색된다. '스토리'라는 주제로 국가에서 운영하는 공인된 자료를 검색하고 싶다면 구글 검색 창에 'intext:스토리 site:go.kr filetype:pdf'라고 검색하면 다음과 같이 연구결과나 연구보고서 등 신뢰할 수 있는 양질의 자료들을 찾을 수 있고, 다운로드 받을 수도 있다. 이때 해당 자료의 사용시 출처를 명확하게 표시하는 것을 잊지 말자.

또한 수치가 나온 통계자료는 객관적인 설득력이 있으니 검증된 기관의 자료는 나중에 확인할 수 있도록 정리해 놓는 것도 좋다.

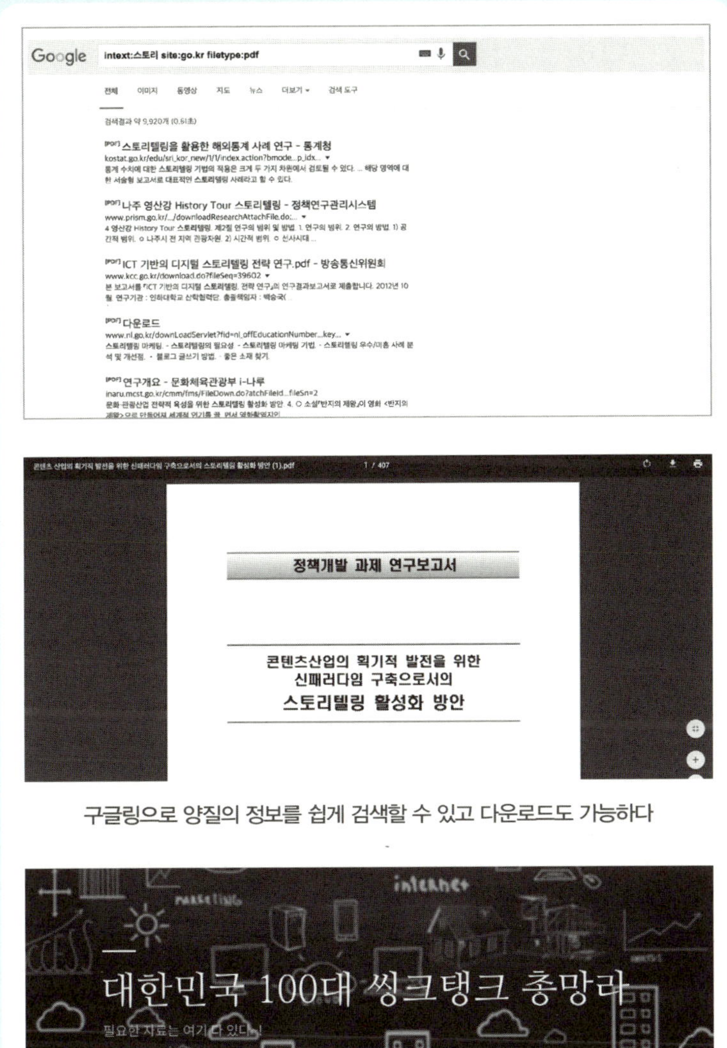

구글링으로 양질의 정보를 쉽게 검색할 수 있고 다운로드도 가능하다

논리적으로 근거를 뒷받침해 줄 자료를 찾을 수 있는 검색 사이트

(출처 : https://brunch.co.kr/@futureagent/8)

상상하기 쉽게 –
열린 표현을 하라

창문 틀 위에 나란히 놓인 세면도구와 반쯤 쳐진 커튼 사이로 빼꼼하게 보이는 침대, 병원복을 입고 분주하게 돌아다니는 환자와 그들 곁에서 늘어지게 기지개를 켜는 보호자, 흰색 가운을 입고 뭐라고 중얼거리는 의사와 그 옆에서 차트를 들고 뭔가 열심히 적는 간호사, 링거를 꼽고 옥상 공원에서 체조를 하는 환자와 병원 의자에 가만히 앉아 진료를 기다리는 사람, 하얀 모자를 쓰고 음식을 퍼주는 병원 구내식당 아주머니와 식판을 들고 빈 자리를 찾아 바쁘게 움직이는 사람들, 휠체어에 힘겹게 환자를 앉히고 환자가 누웠던 이불을 털고 정리하는 보호자와 유리창을 통해 자신의 머리를 정돈하는 환자의 모습이 보였다.

#창문 #일상 #병원

이 글을 읽고 나면 당신의 머릿속에는 병원의 모습이 떠오를 것이다. 위의 글은 아침 운동을 하다가 창문 밖으로 보이는 병원의 일상을 필자가 그대로 적어본 것이다. 자신이 보고 있는 대상을 그대로 표현할 수 있다면 상대도 자연스레 그 장면을 떠올리게 된다. 예를 들어 '그 환자는 피곤해 보인다'라는 문장이 있다. 이 문장은 개인적인 생각이 담겨있다. 왜냐하면 실제 그 환자는 병원에 입원한 후 가장 컨디션이 좋은 날일 수도 있기 때문이다. 따라서 '그 환자는 피곤해 보인다'라고 직접적으로 표현하기보다는 그 사람의 모습을 있는 그대로 말하도록 하자. 눈앞에 피곤해 보이는 사람이 있다고 가정하고 그 모습을 글로 적어보자.

'환자의 다크 써클은 짙게 내려와 있었고, 입술은 하얗게 부르터 있었다'
'환자는 어깨와 목을 주먹으로 두드리며, 잔뜩 인상을 쓰며 긴 하품을 했다'

마치 사진이나 이미지를 보고, 그림을 그리듯이 그대로 표현하여 말하면 상대는 자연스레 그 장면을 떠올리게 된다.

이처럼 스토리를 전달할 때 상상하기 쉽게 '열린 표현'을 하는 이유는 내 이야기를 듣는 상대가 그 모습을 쉽게 상상할 수 있게 되면 그 이미지가 머릿속에 그려져서 오랫동안 기억에 남기 때문이다.

박웅현 저자의 〈여덟단어〉(북하우스)라는 책을 보면 다음과 같은 내용이 나온다.

'말로 그림을 그려라. 누군가가 "뭘 봤니?"라고 물었을 때 그저 "풀이요"라고 대답하지 말고, 풀이 어떻게 움직이고 있었고, 잎이 몇 개 있었는데 길이는 대충 이 정도였고, 햇살은 어떻게 받고 있었으

며, 앞과 뒤의 색깔은 어땠고, 줄기와 잎이 어떻게 연결되어 있었
는지 등 자세하고 소상히 그림 그리듯 말하라는 것이다.'

자신이 준비한 스토리를 사용할 때 상대가 나의 말을 듣고 머릿속
에 그려볼 수 있도록 그 당시의 상황을 열린 표현으로 바꿔서 이야기
하는 연습을 해보자. 처음에는 이미지를 참고해서 관찰해 보고, 어느
정도 익숙해지면 이미지 없이 상대에게 설명해 보도록 하자.

단순히 '피곤해 보인다'가 아닌 피부 상태는 어땠고, 눈 밑에 다크
써클은 있었는지, 입술이 터져 있었는지, 눈빛이 퀭해 보였는지 등 세
세한 그림을 그리듯 말하면 된다. 세세하게 내용을 잘 표현했는지 확
인하는 방법은 내가 한 말을 듣고 상대가 머릿속에 그림을 그릴 수 있
는가를 확인하면 된다.

숫자의 경우도 우리가 쉽게 떠올리거나 상상할 수 있는 이미지로
바꿔주는 것도 좋다. 단순히 '이 스마트폰은 무게가 147g으로 정말 가
볍습니다'라고 말하는 것보다 '마치 스마트폰이 초코파이 하나 정도의
무게이다'라고 말한다면 듣는 사람이 직관적으로 상상하기 쉬운 열린
표현이 된다. 쉽게 설명하거나 이미지를 떠올릴 수 있는 비유를 찾아
보고 그림을 그리듯이 표현해 보자. 숫자의 비유는 다음의 책을 참고
해 보자.

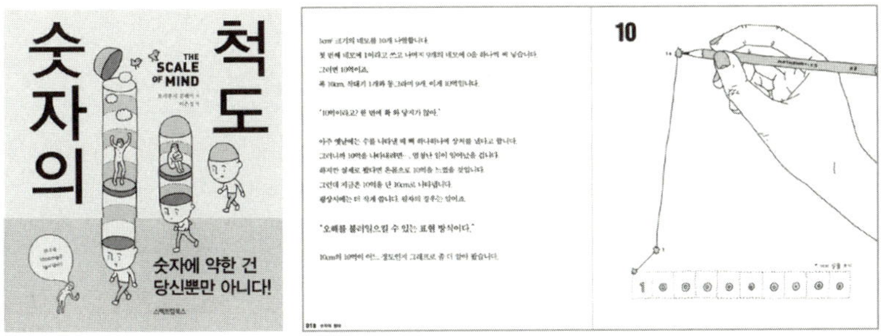

일러스트로 쉽게 숫자를 표현하는 방법이 숨겨져 있는 책 〈숫자의 척도(스펙트럼북스)〉

갈등을
4단계로 나눠라

'나는 쇼호스트를 꿈꾸는 학생이었다. 쇼호스트가 되겠다는 마음으로 첫 직장인 CJ오쇼핑에 고객상담원으로 취직했다. 좋은 쇼호스트가 되려면 고객의 접점에서 고객이 진정 원하는 것을 미리 아는 것이 중요하다고 생각했다. 그래서 일을 하는 동안 열심히 쇼호스트의 꿈을 키웠다. 그리고 ○○홈쇼핑에 당당히 합격하고 쇼호스트가 되었다. 역시 열심히 노력하면 안 되는 일이 없다.'

위 스토리를 보면 무슨 생각이 드는가? 스토리가 흥미롭게 느껴지는가? 마치 전국 1등을 한 학생이 "국영수 교과서 위주로 공부했어요. 열심히 하니까 되네요"라고 말하는 것처럼 너무 뻔한 스토리인 것이다. 흥미진진한 스토리는 '갈등'이라는 과정이 반드시 있어야 한다.

열심히 공부했지만 계속 시험에 떨어졌고, 우여곡절 애타는 노력과 고생을 극복해 내는 과정을 적나라하게 보여줘야 한다. 그래야 상대의 흥미를 자극하고 내가 전하는 스토리에 감정적으로 빠져들 수 있게 만들 수 있다.

갈등은 사람들의 흥미를 끌어낼 수 있는 중요한 요소 중 하나이다. 작은 행동으로 내 삶에 어떤 변화가 있었는지, 나는 어떤 갈등을 느꼈는지 그 갈등을 스토리에 녹여내서 보여줘야 할 필요가 있다. "어? 그래서? 그래서 어떻게 됐어?"라고 상대의 반응을 끌어낼 수 있도록, 갈등의 4단계 〈갈등의 시작 → 갈등의 증폭 → 결정적인 선택 → 갈등의 해결과정〉의 형태로 논리적인 갈등의 구성을 만들어야 한다. 위의 글을 갈등의 4단계로 재구성해 보자.

① 갈등의 시작

면접을 보는 순간, 나는 면접에서 떨어질 거라는 것을 직감적으로 알았다. 면접관들은 현장 투입이 바로 되며 참신한 이미지에 파워풀한 매출을 올릴 수 있는 괴물 신입을 찾고 있었다. 하지만 나는 그들의 눈에 차지 않는 애송이였다. 면접이 끝난 후 혹시나 하고 기대를 했지만, 역시 합격 전화는 오지 않았다.

② 갈등의 증폭

나의 내공이 턱없이 부족함을 느꼈다. 수없이 연습했던 프레젠테이션을 텅빈 방 안에서 토해내듯이 연습하면서 '더 잘할 수 있었는데' 하며 스스로를 자책했다. 그 이후에도 실력은 제자리걸음이었고, 아무도 나를 찾아주지 않았다. 내가 할 수 있는 일은 아무것도 없었다. 나는 무기력하고 우울한 상태로 계속 깊은 수렁으로 떨어졌다.

③ 결정적인 선택

이대로는 아무것도 안 될 것 같았다. 스스로 지금 이 상황을 바꿀 수 있는 중대한 결정을 내려야 할 것 같았다. 무엇이라도 닥치는 데로 하고 싶은 마음뿐이었다. 나는 선생님께 전화를 걸어 **"선생님, 저 배우고 싶어요. 저 좀 데리고 다녀주세요."**라고 힘겹게 말을 꺼냈다.

④ 갈등의 해결과정

그 이후 나는 선생님을 따라 지방 곳곳을 따라 다니며 궂은일을 했다. 지금의 힘든 순간들은 훗날 나의 든든한 내공이 될 것이라 믿었다. '우물을 깊게 파려면 먼저 넓게 파기 시작해야 한다'는 마음으로 어떤 일이든지 닥치는 데로 열심히 해나갔다. 처음 선생님께 전화를 걸어 '배우고 싶다'는 말을 꺼내기까지는 오랜 시간이 걸렸지만, 막상 행동으로 옮기고 나니 모든 것이 제자리를 찾아오는 듯했다. 결정적 선택을 내리고 난 이후부터 내 삶의 첫 경험 쌓기 프로젝트가 시작되었고, 내 삶은 조금씩 달라지기 시작했다.

위의 사례는 필자의 실제 사례를 바탕으로 갈등의 4단계를 적어본 것이다. 이처럼 갈등을 '갈등의 시작과 증폭, 결정적 선택, 갈등의 해결과정'으로 나누어 스토리를 전달한다면 훨씬 더 긴장감 있는 스토리를 만들 수 있다.

'따옴표'로 갈등을 증폭시켜라

"선생님, 저 배우고 싶어요. 저 좀 데리고 다녀주세요."

갈등이 시작되는 순간, 결정적인 대화에 따옴표를 붙여보자. TV 드라마에서 예고편을 통해 다음에 어떤 상황이 일어나는지 궁금하게 만드는 것처럼 갈등의 최고조 부분을 대화체로 바꿔보는 것이다. 드라마에서 가장 긴장감이 고조된 장면을 보여주듯, 상대의 관심을 잡아둘 수 있도록 대화체 형태로 바꿔 궁금증을 증폭시켜 보자.

먼저 갈등의 상황을 대화체 형태의 따옴표로 강조해서 보여주고, 그 이후 갈등의 단계에 맞춰 상황을 추가로 설명해 주면 상대의 관심과 궁금증을 이끌어 낼 수 있다. 그리고 결정적인 선택을 한 후 나에게 어떤 특별한 변화가 있었는지 갈등의 해결과정을 반드시 보여줘야 한다. 갈등의 상황 중에서 가장 강렬한 상황의 대화를 떠올려 보면서 상

대가 궁금할 수 있도록 문장에 따옴표를 붙여보자.

"나, 너무 숨이 차. 쉴 곳이 하나도 없어…"

"배낭여행?!? 개나 소나 다 간다고 하지! 갑자기 그 선배가 한 말
이 떠올랐습니다."

대화체를 써서 따옴표 안에 있는 내용을 보여주듯 실제 대화 형태
로 스토리를 풀어보고, 갈등을 증폭시키면서 나의 스토리를 각색해 보
자. 마치 영화감독이 되어 관객의 관심을 모으기 위해 가장 중요한 장

면의 대사는 무엇을 선택할지, 갈등의 장면을 어떻게 극적으로 보여줄
수 있는지를 고민한다면 당신의 스토리는 훨씬 더 흥미로워질 것이다.

#

**본론에는 누구나 쉽게 상상할 수 있는 열린 표현을 통해
스토리의 배경을 객관적이고 구체적으로 보여주고,
갈등을 통해 흥미진진한 스토리를 만들어야 한다.**

자신의 키워드와 관심 분야의 정보를 간편하게 메일로 받아볼 수 있는 '구글 알리미'를 통해 정보를 탐색해 보자.

'구글 알리미'는 본인의 관심 분야나 자신의 키워드를 입력해서 알림을 만들면 키워드를 포함하고 있는 콘텐츠들의 정보를 간편하게 메일로 받아볼 수 있는 서비스이다. 구글 계정으로 로그인을 한 후, 검색창에 '알리미'라고 검색하여 알리미에 접속한 후 '다음에 대한 알림 만들기' 창에 알림 소식을 받고자 하는 키워드를 입력해 보자.

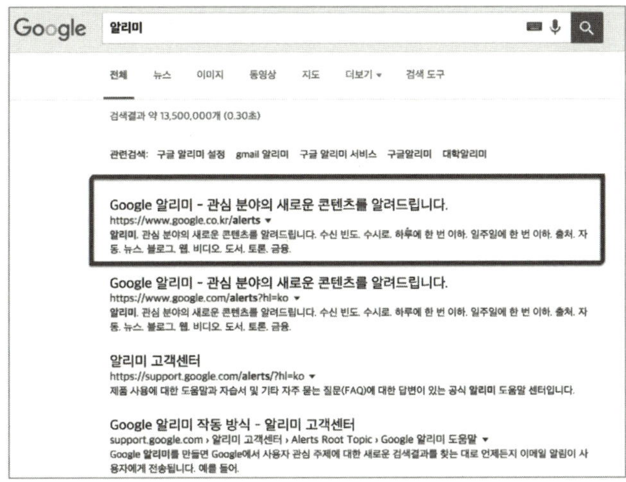

관심 키워드를 '스토리'라고 적으면 '스토리'라는 키워드를 포함하고 있는 정보를 지속적으로 받아볼 수 있다. 이때 알림 만들기 옆에 있는 옵션 표시를 클릭하면 해당 키워드의 수신 빈도, 출처, 언어, 지역, 개수, 수신위치 등 설정을 변경할 수 있어 정보를 선택적으로 받아볼 수 있다.

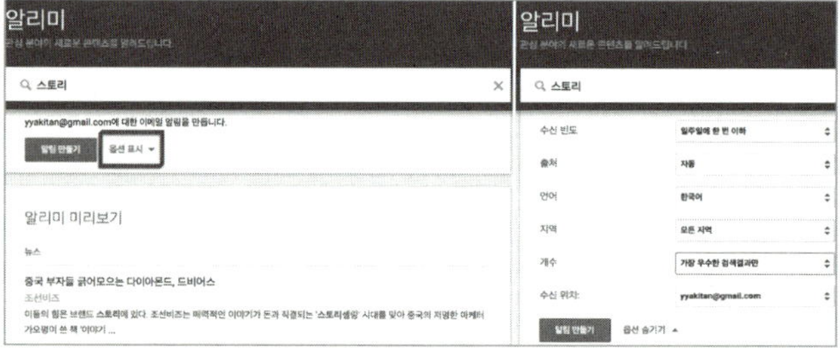

알리미의 수신 빈도는 '수시로' '하루에 한 번 이하' '일주일에 한 번 이하'로 선택할 수 있는데, 수시로 최신 정보를 받아보는 것도 좋지만 너무 많은 정보를 자주 받게 되면 얼마 지나지 않아 스팸메일처럼 여겨질 것이다. 처음에는 하루에 한 번이나 일주일에 한 번 이하로 수신 빈도를 설정해 두고 정보가 너무 많거나 부족하다 싶

으면 그때 설정을 바꾸길 추천한다.

출처는 자동, 뉴스, 블로그, 웹, 비디오, 도서, 토론, 금융에서 선택할 수 있는데, '자동'을 선택하면 된다. 개수는 '모든 결과'보다는 '가장 우수한 검색결과만'으로 설정해 두는 것이 좋다. 수신 위치에는 본인의 이메일 주소를 입력하고 '알림 만들기'를 클릭하면 이후 해당 키워드를 포함하고 있는 최신 정보를 자신의 이메일로 받아볼 수 있다.

이처럼 자신의 목적에 맞게 관심 키워드를 구글 알리미에 입력해 놓으면 키워드 검색 결과와 관련된 최신 정보를 쉽고 편하게 확인할 수 있다.

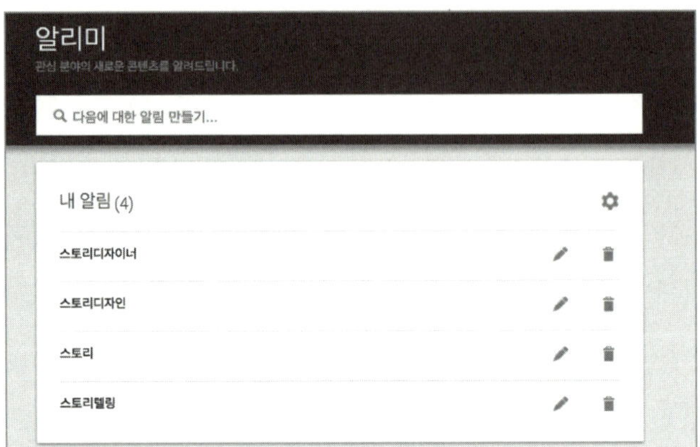

알리미
관심 분야의 새로운 콘텐츠를 알려드립니다.

다음에 대한 알림 만들기...

내 알림 (4)

스토리디자이너
스토리디자인
스토리
스토리텔링

결론
신념을 담아 설득하라

#3

스토리의 목적을 확인하라

전국에서 손꼽히게 영업을 잘하는 ㅇㅇ정수기 회사의 영업팀장을 코칭한 적이 있다. 그는 수많은 경험과 영업 노하우를 가지고 있었지만, 사람들 앞에만 서면 자신이 무슨 이야기를 하는지 모르겠다고 했다. 그는 동료나 상사들에게 일뿐만 아니라 말도 잘하는 사람으로 인정받기를 원했다. 하지만 그의 발표는 매번 동료들의 공감과 관심을 이끌어내는데 실패했다. 무엇이 문제였을까?

첫째, 그의 발표에는 뚜렷한 목적이 없었다. 마구잡이로 적어둔 내용과 머릿속에서 떠오르는 스토리들을 뒤죽박죽 꺼내어 전달했던 것이다. '뭐 어떻게든 되겠지' 하는 생각으로 사례 발표를 하다 보니 매번 중요한 내용을 빼먹고 얼렁뚱땅 말꼬리를 흐리며 발표를 마무리하게 된 것이다.

둘째, 그의 경험에서 나오는 스토리의 소재는 누구나 관심 있어 하는 내용이었지만, 스토리를 상대에게 전달하기 위한 구성은 하나도 갖춰지지 않았다. 당연히 발표를 듣는 사람들도 '대체 무슨 말을 하고 싶은 거지?' 하며 더 이상 관심을 보이지 않았다.

이처럼 스토리를 전달하는 과정에서 가장 많이 하는 실수가 바로 스토리를 전하는 목적을 빠트리는 것이다. 스토리에는 말을 전하는 목적이 설득력 있게 담겨 있어야 한다. 즉, 왜 이 이야기를 하는 건지? 왜 이런 이야기를 나에게 들려주는 건지 결론 부분에서 명확하게 전달해 줘야 한다. 스토리를 전달하는 목적이 명확하지 않으면 당신의 이야기는 그냥 흘려듣게 되는 해프닝으로 끝나게 된다.

스토리텔링은 '스토리story + 텔링telling'의 합성어로서, 말 그대로 '이야기하다'라는 의미를 지닌다. 즉, 상대방에게 알리고자 하는 바를 재미있고 생생한 이야기로 설득력 있게 전달하는 행위라고

정의된다.

(출처 : 네이버 지식백과, 문화비평용어사전, 조희권)

우리는 쉽고 기억에 오래 남을 수 있는 소재로 '스토리'를 사용한다. 스토리는 재미있고 사람들의 관심과 흥미를 끌기에 충분하기 때문이다. 스토리텔링에서 '텔링'은 스토리를 전달하는 방식이다. 다시 말해 스토리를 사람들에게 가장 흥미롭게 전달해 줄 수 있는 방법은 무엇인지, 왜 이 스토리를 전달해 주어야 하는지 등 스토리를 활용하는 전략적인 접근을 고려하는 것이 텔링인 것이다. 따라서 스토리텔링에는 스토리를 전달하는 목적이 분명히 담겨 설득력 있게 전달되어야 한다.

텔링은 다양한 방법들로 전해질 수 있다. 이미지와 영상 그리고 체험이나 프레젠테이션, 스피치까지 목적에 따라서 자신의 스토리를 가장 효과적으로 전달할 수 있는 방법을 찾아서 전달하면 된다. 다음의 글을 한 번 보자.

"현아, 너 수타짜장이라고 알아? 내가 그곳 짜장면을 먹었거든? 그곳 주방장이 40년 동안 수타짜장만 고집한 주방장인데~ 진짜 내가 먹어본 짜장면 중 면발이 정말 최고더라~ 춘장도 직접 개발해 사용하더라구. 거기 수요미식회도 나오고 서울 짜장면 3대 맛집으로도 선정됐데~~ 뭐 그냥 그랬다고.."

눈치 빠른 친구는 '아! 지금 나한테 짜장면 먹으러 가자고 하는구나'하고 알아채겠지만, 그렇지 않다면 왜 갑자기 짜장면 이야기를 하는지 알 수가 없다. 스토리에는 행동이 변화할 수 있도록 설득하는 목적이 명확하게 담겨 있어야 스토리텔링이 된다. '그냥 그랬다고'라고 말하며 끝나는 대신에 "현아, 지금 수타 짜장면 먹으러 가자. 왜냐하면…"처럼 내가 이야기를 꺼낸 목적을 분명하게 전달해야 한다.

우리 말의 특성상 중요한 내용은 마지막에 위치한다. 그래서 이야기를 하다보면 정작 자신이 말하고자 하는 부분을 말하지 못하고 끝나는 경우가 생긴다. 따라서 자신이 전하고자 하는 목적(결론)을 먼저 이야기하고, 그 이유를 설명해 주는 것이 더욱 설득력이 있다.

자신이 가진 스토리를 잘 전달하고 싶다면 우선 자신이 하려는 말을 글로 옮겨보고 전체적인 구성을 살펴보자. 내가 정말 하고 싶은 말은 무엇인지, 왜 이야기를 해야 하는지 노트에 적어보면서 자신의 스토리를 다시 정리해 보는 것이다.

이 사진은 ○○정수기 영업팀장의 스토리 디자인 코칭 때의 모습이다. 발표를 하기 전 차분하게 자신이 전하고자 하는 목적을 생각하며 스토리의 구성을 먼저 적어보았다. 발표 내용이 전체적으로 매끄럽게 구성되기까지는 여러 번의 시행착오

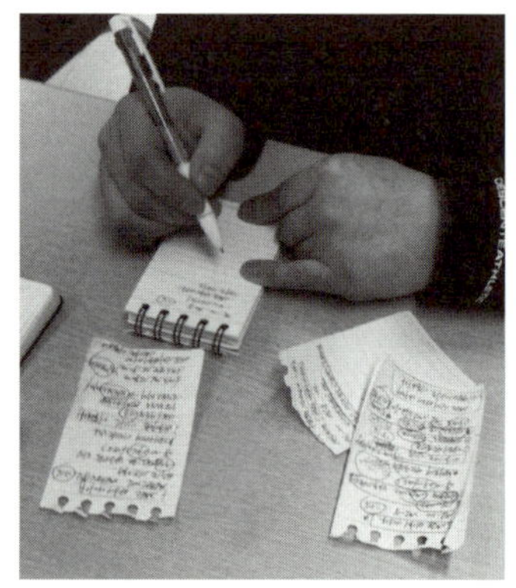

가 있었지만 잘 정리된 내용을 바탕으로 발표를 하니 전체적인 흐름도 좋아지고, 전하고자 하는 목적을 뚜렷하게 전달할 수 있었다. 자신의 생각을 전달할 때 노트에 자신이 할 말을 차분하게 정리해 보는 습관을 들이니 발표에도 자신감이 붙었다.

스토리의 소재와 텔링의 방법이 결정되었다면 마지막으로 자신이 말할 주제를 구성에 맞게 다시 한 번 확인해 보자. 자신의 말을 차곡차곡 정리해 보면서 전체적인 스토리의 구성을 다시 잡아보고, 단계에 따라서 자신이 경험한 스토리를 재구성해 보는 것이다.

① 당신의 전하려는 스토리의 목적은 무엇입니까?

고객의 마음을 사로잡아 매출을 증진시키는 것

② 그렇다면 당신이 추가적으로 말해야 할 부분은 무엇이 있나요?

1. 행사기간 내의 이벤트 참여 유도(노하우 공유)

2. 구매고객 상품평 리뷰 확인(사례 공유)

3. 다양한 사회복지활동 참여(자료 공유)

자신이 작성한 노트를 보고 내가 말하려는 스토리의 목적이 무엇인지, 너무 스토리의 소재에만 집중하는 것은 아닌지, 주제와 관계없이 통일성을 잃어버린 부분은 없는지, 설득력이 부족하지는 않은지 등 스토리의 흐름을 큰 틀에서 다시 한 번 확인하는 과정을 거쳐야 한다. 만약 너무 많은 정보가 있다면 과감하게 빼고, 논리성이 부족하면 객관적으로 신뢰할 만한 정보를 찾아 보완해야 한다.

결론 부분에
신념을 담아라

결론 부분에서는 당신의 생각이 어떻게 변했는지, 스토리 안의 내용을 통해서 어떤 것을 얻고 어떤 것을 잃었는지 등 신념의 변화를 보여줄 수 있어야 한다. 만약 당신의 신념이나 의식이 분명하게 정리되지 않았다면 상대는 당신의 스토리를 듣고 "그래서 어쩌라고" 하며 물을 것이다. 우선 집안의 가훈이나 학급 교훈처럼 나의 신념을 한 번 적어 보자.

① 내가 추구하는 삶의 자세

예) 맨땅에 헤딩하기, 최선을 다해 보통이 되자, 잘할 수 있다는 가능성에 집중하자

② 내가 생각하는 직업의 정의

예) 대체 불가한 쓸모 있는 사람이 되는 것, 선한 영향력을 발휘할 수 있는 일

tvN 〈집밥 백선생〉의 기자간담회에서 칼럼니스트 황교익 씨가 '백

종원은 사업가'라고 비판한 글에 백종원 씨는 이렇게 답변했다.

> "내 음식이 세발자전거라면 셰프들은 사이클 선수다"라며 "(황교익
> 같은) 자전거 박사들이 볼 땐 내가 사기꾼처럼 보일 수 있다. 하지
> 만 나는 자전거를 보급화하는 것처럼, 요리도 세발자전거처럼 많
> 은 사람들에게 보급화하고 싶을 뿐이다"

백종원 씨는 자신이 요리에 대해 가지고 있던 신념인 요리의 대중화를 '자전거'란 비유를 통해 쉽게 공감될 수 있도록 말했다. 평소 자신만의 신념을 가지고 일을 하고 있었기 때문에, 누군가 자신을 오해하거나 험담해도 이에 동요하지 않고 빠른 답변을 통해 긍정의 이미지를 얻을 수 있었다.

이처럼 내가 옳다고 생각하는 것, 내 스스로 만들어 놓은 삶의 규칙, 내가 추구하는 삶의 방향, 나의 꿈과 목표, 내가 누구인지 보여줄 수 있는 것들을 정리해서 결론 부분에 담아내보자. 내가 어떻게 살아왔고 어떤 마음을 가지고 일을 하고 있는지, 쉬운 비유를 통해 당신의 신념을 보충해 보자. 평소 감명깊게 읽은 책의 구절이나 명언 혹은 영화나 책을 통해 당신의 신념을 표현해 보자.

당신이 전하고자 하는 스토리에 당신의 신념을 담은 키워드로 결론을 준비해 둔다면, 당신이 전하는 스토리는 명확하고 쉽게 사람들의 기억에 남을 것이다.

설득에
강한 확신을 담아라

음식점에서 메뉴를 추천받기 위해 "여기 뭐가 맛있어요?"라고 물어보면 가장 많이 듣는 말이 있다. 첫째는 "다 맛있어요" 둘째는 "ㅇㅇ을 제일 많이 드세요"이다. 만약 음식점에서 이런 대답을 들었다면 어떤 생각이 드는가? 정말 음식이 다 맛있을 거라고 생각하는가?

상대의 관심을 끄는 매력적인 제목(간판)과 시선을 사로잡는 이미지(음식 메뉴, 인테리어)를 보여준다고 해도 사람들은 결론 부분에서 자신의 마음을 바꿔줄 무언가를 설득력 있고 구체적으로 말해주기를 원한다. "여기 뭐가 맛있어요?"라고 물어보는 고객의 의도는 내가 이곳에 처음 와서 무엇을 맛있게 먹을지 너무 고민이 되니 설득력 있게 확신을 가지고 결정을 도와달라는 의도인 것이다.

스토리를 잘 전달하기 위해서 자신의 재미있는 에피소드나 다른 사람의 스토리를 빌려 쓰거나 "내가 어디서 들었는데…" "내가 경험한 건데…"라며 재미있는 스토리를 꺼내어 전달하는 경우가 많다. 물론 스토리의 소재가 재미있어 사람들의 관심과 흥미를 끌 수도 있다. 하지만 스토리의 외부적인 소재만 신경쓰고 정작 본인의 생각과 하고 싶은 말을 구체적으로 담아 결론을 내리지 못하면 아무 결론없이 끝날 수도 있다.

〈미움받을 용기〉란 책으로 베스트셀러 작가가 된 고가 후미타케의

<작가의 문장수업>이란 책을 보면 다음과 같은 말이 나온다.

아름다운 러브레터를 써서 감동시키는 것은 전혀 목적이 아니다. 러브레터의 목적은 어떻게든 자신의 고백을 받아들여 주는 것이며, 감동은 수단에 지나지 않는다. 감동을 통해 상대방을 설득해서 쓰러뜨리지 않으면 안 된다. 말 그대로 꾀어내는 것이다. 즉, 문장이 가진 마음은 설득이다.

결론 부분에는 설득의 의지를 담아 전달해야 한다. "이렇게 하세요. 그러면 반드시 좋아하실 겁니다!!!"라며 강한 확신을 줘야 한다. "여기 뭐가 맛있어요~"라는 질문에 강한 확신을 담아 대답해 보면 다음과 같을 것이다.

"오늘은 낙지볶음 드세요!! 진짜 좋아하실 거에요. 사실 저희가 돈가스 집이라서 손님들이 돈가스를 제일 많이 드세요~ 그런데 매주 목요일마다 주방장이 목포에서 직접 낙지를 가져와서 재료가 엄청 신선해요~ 주방장이 목포 사람인데 목포에서도 낙지볶음을 잘하기로 유명했거든요. 진짜 쫄깃쫄깃 엄청 맛있어요~ 제가 입맛이 좀 까다로운 편인데, 저희 집 낙지볶음은 진짜진짜 대박이에요~ 옆에 한 번 보세요~ 다 낙지볶음 드시잖아요~ 오늘은 목요일이니 꼭 낙지볶음 드시고, 혹시 매운 거 못드시면 돈가스도 하나 추가해

이처럼 잘 구성된 스토리에 반박할 수 없는 객관적인 사실, 확신에
가득 찬 상태로 설득력 있게 말한다면 상대도 '한 번 먹어 볼까' 하는
생각이 들 것이다.

이처럼 당신이 말하고자 하는 결론에 강한 확신을 담아보자! 단순
히 감정적으로만 호소하지 말고 당신의 결론을 설득력 있게 뒷받침해
줄 내용을 추가적으로 고민해 보고, 상대의 마음을 움직이도록 강한
확신을 가지고 의지를 담아 전달하자.

#

**결론에는
스토리의 목적이 설득력 있게 담겨 있어야 하고,
강한 확신을 가지고 전달되어야 한다.**

3장의 내용을 정리해 보면 다음과 같다.

① 서론 부분에는 상대의 관심을 끌만한 주제나 질문을 만들어 보고, 전체 스피치에 대한 간략한 윤곽을 제시한다.

② 본론 부분에는 주제와 벗어나지 않도록 통일성에 신경을 쓰고, 객관적인 자료나 이미지, 구체적인 상황 설명, 쉽게 상상할 수 있는 열린 표현을 통해 갈등을 증폭시키며 흥미를 유지시킨다.

③ 결론 부분에는 자신의 신념을 담거나 기억에 남을 문구를 통해, 전하고자 하는 스토리의 목적을 다시 한 번 상기시킨다.

사건 (서론)	줄거리, 느낀점 (본론)	역할제시, 의미부여 (결론)
청중의 관심유발 → (질문) or "대화"	구성을 신경 써야, 전환 등으로 흥미유지 갈등의 시작 → 증폭 → 선택 → 해결 슬럼프, 방송이 숨차고 부대낌.	기억에 남을 문구 준비, 예)우산 에피소드
전체 스피치의 윤곽 제시 제가 터득한 질문의 기술 예)독서	주제에서 벗어나지 않도록 일관성 유지	자신의 인상을 형성
질문 "인류 최초의 질문?"	구체적인 표현 사실적인 열린표현 → 구체적이고 객관적인 이미지" 예)질문 마인드 맵	전체 내용 마무리

다음은 '질문의 기술'이란 주제로 스토리를 서론 · 본론 · 결론
에 맞추어 디자인한 것이다.

1) 서론에서는 관심을 끌만한 질문으로 시작하라

혹시 인류 최초 질문이 뭔지
아세요? 바로 '어떻게 하면 이
동하지 않고 살 수 있을까?'라
는 질문이라고 합니다. 새로
운 먹이를 찾아 수없이 먼 거
리를 힘들게 이동해야만 했던
유목민이 처음으로 정착생활
에 대한 질문을 통해 인류는
한 곳에 정착을 하면서 살 수
있게 되었죠. 어쩌면 질문을 통해 우리 인간도 계속 발전해오지 않
았나 싶습니다. 저는 책을 읽으면 그 당시 떠오르는 생각과 질문을
스스로에게 던져 보곤 하는데요~ 평소 여러분은 스스로에게 어떤
질문을 하나요? 저는 책을 읽게 되면 키워드를 뽑아서 저에게 질문
을 던지곤 합니다. 그러면 제가 최근 무슨 고민을 하며 사는지 명
확히 알게 되더라구요. 그 중 제가 터득한 질문의 기술을 알려드릴
게요!

2) 본론에서는 상황 설명, 질문에 대한 나의 갈등을 보여주자

저는 SBS 〈고향이 보인다〉 프로그램의 리포터를 하는데, 시간이 지날수록 인터뷰가 자꾸 어려워지는 걸 느꼈습니다. 자연스러운 감정보다는 이것저것 신경쓰고 걱정하는 감정이 화면에도 더욱 많이 비쳐지고, 유독 방송이 숨차고 부대끼는 순간이 많아졌습니다. '익숙해질 때도 되었는데, 왜 점점 더 어려워질까?' '도대체 문제가 무엇일까?' 하고 수없이 스스로에게 물었더니 저에게 한 가지 문제가 있었습니다. 바로 제가 상대에게 원하는 대답을 이끌어 낼 수 있는 좋은 질문에 대해 한 번도 깊게 고민한 적이 없었다는 겁니다. 충분한 고민이 없었으니 좋은 질문이 떠오를 수 없었죠. 그냥 머릿속에 떠오르는 데로 "여기 어때요? 기분 어때요? 잘 온 것 같아요?" 등등 "네! 아니요!"라고 대답할 수 있는 단답형 질문만 했었습니다. 매번 시민들의 인터뷰가 어려워지자 촬영을 나가기 두려웠습니다. 그 이후 "어떻게 하면 좋은 질문으로 원하는 대답을 이끌어 낼 수 있을까?"를 계속 고민했습니다. 이후 촬영 일정이 잡히면 방송 키워드를 중심으로 좋은 질문을 미리 생각해 보며, 마인드맵을 그려 보았습니다.

3) 객관적인 자료나 이미지를 보여줘라

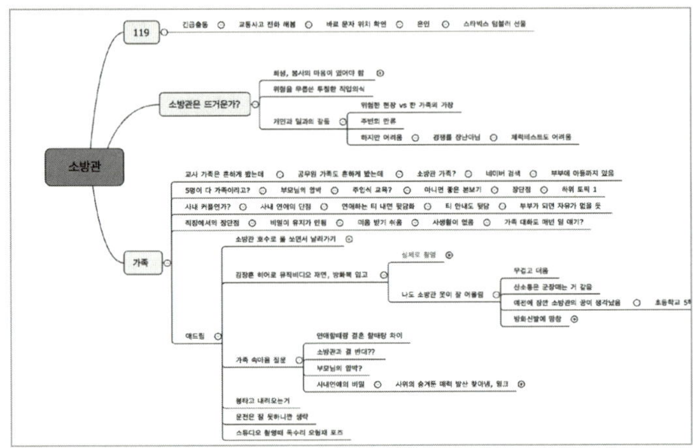

방송을 준비하면서 만들게 된 질문 마인드맵

질문 마인드맵을 쓰면서 내가 알고 있는 것, 내가 실제로 궁금해하는 것, 내가 엉뚱한 상상을 한 질문, 그리고 방송을 이끌어나갈 수 있는 세세한 질문들을 각각 파트로 나눠서 하나씩 정리해 봤습니다. 그리고 이 질문이나 내용을 스마트폰에 담아두고, 촬영지로 이동할 때마다 수시로 보면서 좋은 질문을 계속 떠올렸습니다. 미처 생각하지 못한 아이디어나 변수가 생기게 되면 촬영이 끝나고 나서 반드시 촬영 리뷰를 적어놓았습니다.

생방송의 경우 즉시 생각나는 멘트나 기억해야 할 내용들은 대본 위에 적어두었고, 더 좋은 장면과 재미있는 에피소드들을 질문 마

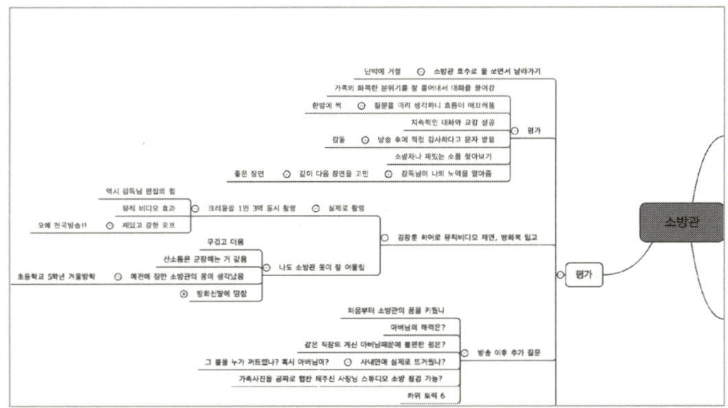

SBS 〈고향이 보인다〉 → 소방관 패밀리 편

인드맵을 통해 능동적으로 만들 수 있었습니다. 당연히 촬영도 수월하게 잘되고 인터뷰를 하시는 분들도 편하게 촬영을 하실 수 있게 되었습니다.

SBS 〈고향이 보인다〉
5명의 영웅 소방관 패밀리 편

4) 결론에 주제와 관련된 신념을 담아 확신시켜라

한 마을에 가뭄이 심하게 들었습니다. 비가 와야 농사를 짓고, 농사를 지어야 식량을 얻을 수 있는데 비가 오지 않으니 마을 사람들은 아무것도 할 수가 없었습니다. 더 이상 기다리고만 있을 수 없어 마을 사람들은 기우제를 지내기로 결정했습니다. 마을 뒷산에서 정성을 다해 기우제를 지내고 산을 반쯤 내려왔을 때, 갑자기 비가 마구 쏟아져 내리기 시작했습니다. 사람들은 눈물을 흘리며 기뻐했지만 곧 내려갈 일이 걱정되었죠. 그런데 이때 우산을 준비해 온 사람이 한 명 있었습니다. 바로 마을에서 가장 어린 꼬마아이였습니다. 마을 사람이 "아니 너는 어떻게 우산을 가져올 생각을 했니?" 하고 묻자 꼬마 아이가 대답했습니다. "할아버지는 비 오라고 기우제를 지내면서 어떻게 우산도 안 챙겼어요?"

질문의 기술은 따로 있는 것이 아닙니다. 대상에 대한 나의 정성과 고민이 자연스럽게 묻어나는 준비가 바탕이 되었을 때 좋은 질문이 떠오르는 것입니다. 혹시 내가 하려는 질문이 그냥 머리에서 입으로 흘러나온 것인지, 오랜 고민 속에서 준비되어 나온 것인지 한 번 곰곰이 생각해 보셨으면 합니다.

#해시태그

경험은
최고의 스토리다______

첫 경험은
최고의 스토리 도구이다

#1

누구에게나
처음은 있다

등산용품 전문업체 KOVEA는 아이가 처음 비를 맞는 장면을 녹화한 영상을 TV를 통해 광고했다. '첫 캠프가 선물한 뜻밖의 세상'이라는 주제의 CF 주인공은 다름 아닌 비를 처음 보는 어린 아이였다. 영상 속의 아이는 신기한 듯 멍하니 밖을 한참 쳐다보다 한 걸음 한 걸음 걸어

가면서 온몸으로 비를 맞으며 좋아하는 모습이었다. 세상 어디에나 있는 '처음'의 소중함을 전달해 주면서, 기업의 이미지를 함께 전달한 따뜻한 스토리텔링이었다. 아이가 처음으로 느꼈던 감정을 편집없이 그대로 담아낸 영상을 보면서, 처음이라는 경험이 주는 강렬함을 느낄 수 있었다.

2015 KOVEA TV CF [아이 편]

이 광고 영상은 실제 부모가 찍은 것이라 다소 흔들리기도 하고 화려한 영상미도 없었지만 처음의 순간을 경험하는 아이의 모습을 통해 많은 메시지를 전달해 줄 수 있었다. 누군가의 '처음'의 순간을 공유한 것이 오랫동안 기억에 남았던 것이다.

이 광고를 보고 '나도 저런 순간이 있었을까?' 하며 나의 처음 순간이 궁금해졌다. 그래서 예전 비디오 영상을 찾아보기도 하고 오래된 앨범과 사진첩을 다시 열어봤다. 그렇게 처음 기억을 떠올리는 과정을 통해서 숨겨졌던 나의 스토리를 하나씩 찾기 시작했다.

당신의 처음은 무엇인가요?

누구에게나 처음은 있다. 처음으로 학교에 들어갔을 때, 첫사랑에 빠졌을 때, 첫 키스를 하거나 짝사랑을 했을 때, 처음으로 상처를 받았을 때, 성인이 되고 처음으로 펑펑 울었을 때 등 처음을 떠올려 보는 것은 누구나 쉽게 공감할 수 있는 소재이자 자연스럽게 자신만의 이야기를 담아낼 수 있는 장점이 있다.

'처음'이란 키워드를 소셜 메트릭스social metrics에서 검색하면 #생각 #사진 #친구 #마음 #집 #느낌 #모습 #맛 #엄마 #아이 등의 연관된 키워드가 나온다. '처음'이란 키워드와 연관된 키워드를 통해 나의 처음

#친구는 누구였는지, 처음 기억이 나는 #음식은 무엇이었는지, 처음으로 기억나는 #엄마의 모습은 어땠는지 등을 생각해 보는 것이다.

자신의 오래된 앨범이나 사진첩을 보면서 내가 기억하는 처음의 순간을 찾아보고, 사진이나 영상 속에서 생생하게 기억나는 '처음'의 순간을 떠올려 보자. 드문드문 생각이 나는 어린 시절의 기억을 다시 한 번 가만히 떠올려 보면 자신도 모르는 감정이나 스토리를 새롭게 떠올려 볼 수도 있다.

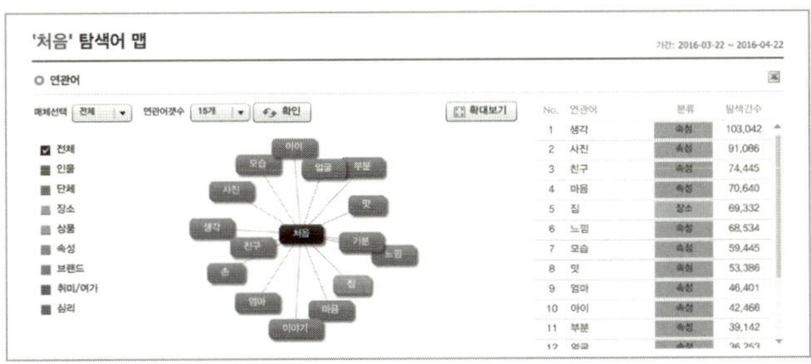

'처음'과 연관된 키워드를 통해 다른 스토리를 만들어보자

(출처 : social metrics)

첫 키스처럼 강렬한 자신의 첫 경험을 주제와 맞게 꺼낸다면 나의 첫 경험은 강력한 키워드가 될 것이다. 당신의 처음을 떠올려 보았다면 '내 인생 첫 경험 쌓기'를 통해 새로운 스토리를 만들어보자.

당신의 처음을 떠올려 보고 스토리로 정리해 보자

'내 인생 첫 경험 쌓기' 프로젝트

필자는 지금까지 첫 경험을 기록하고 보관해 왔다. 쇼호스트 면접에 떨어지고 나서 슬럼프를 극복하기 위해 시작했던 프로젝트 '이현, 내 인생 첫 경험 쌓기'를 하면서, 태어나서 한 번도 해보지 못했던 일을 경험하고, 성공한 리스트를 적었다. 이 프로젝트를 꾸준히 해오면서 나의 새로운 경험들은 신기하게도 전혀 다른 이야기의 연결고리가 되었고, 스토리가 쌓일수록 생각지도 못한 좋은 기회들로 연결되었다. 스토리가 또 다른 스토리를 만들다보니 자연스럽게 나의 스토리는 한층 더 풍부해졌다. 내 인생 첫 경험을 EECB 과정을 통해 스토리로 만들어 본 필자의 사례를 참고해 스토리 디자인을 해보자.

① 어떤 사건이 있었나요? Event

주제와 관련된 사건을 떠올려 본다. 어떤 사건이 있었는지 간략하게 줄거리를 적어보자.

예) 식당에서 삼겹살 혼자 먹기에 도전했다.

② 그때 어떤 경험을 했나요? Experience

상황을 이해할 수 있는 배경을 구체적으로 설명한다. 어떤 때였고, 무슨 일이 있었는지, 주변 환경은 어땠는지, 날씨는 어땠는지, 내 기분은 어땠는지 등 경험한 내용을 상세하게 적어보고 열린 표현을 해보자.

예) 혼자 먹기 레벨 중 가장 어려운 삼겹살 혼자 먹기를 하러 식당에 들어갔다. 왠지 사람들이 나를 이상하게 생각할 것 같은 부담감이 있었다. 가게를 쓱 둘러보니 주문을 할 수 있을까 하는 생각과 함께 급하게 자신감이 떨어졌다. 다들 가족 혹은 연인들과 함께 다정하게 고기를 구우며 먹고 있었다. 쉽게 들어갈 용기가 나지 않았지만 이왕 하기로 한 거 "아줌마, 고기 1인분만 주세요~"라고 크게 외쳤다. 몇몇 사람들이 힐끔힐끔 나를 쳐다보았다가 시선이 마주치면 서둘러 고개를 돌렸다. 입안은 자꾸 말라가고, 애꿎은 스마트폰만 만지작 거렸다.… (중략)

③ 새롭게 알게 되었거나 느낀 점은 무엇인가요? Creative

당신이 평소 느껴보지 못한 새로운 감정을 솔직하게 적어본다.
당신이 기대했던 것과 무엇이 같고 다른지, 생각지도 못한 변수
는 없었는지, 새롭게 알게 되거나 느낀 점은 무엇인지 상세하게
적어보자.

예) 남들은 내가 혼자 고기를 구워 먹는다는 것에 큰 관심을 보이지 않았다. 심지어 식당 아
주머니도 "왜 혼자 왔어?"라고 물어보지 않았다. 혹시나 하고 물어보면 '친구가 약속을 펑크
냈어요'라고 대답하겠다고 준비까지 해놨는데 그럴 필요가 없었다. 고기를 먹다보니
문득 '내가 주변 사람들을 의식하고 신경쓰느라 하지 못한 것이 많았구나'라는 생각이 들었
다. 낯선 곳에 혼자 여행을 온 듯한 느낌이 들었다. 낯설지만 기분이 좋았다. 주변의 시선
을 신경쓰지 않고 혼자 삼겹살을 먹는 내 모습이 순간 자랑스러웠다.

④ 그 일이 당신에게 어떤 변화를 주었나요? Belief

내가 시도한 내 인생 첫 경험이 나에게 어떤 의미가 있고, 앞으
로 어떤 변화를 가져올지 의미를 부여해 본다. 내가 옳다고 생
각하는 신념의 형태로 정리를 해보자.

예) 식당에서 혼자 삼겹살을 먹었을 뿐인데, '다른 것도 혼자서 할 수 있겠다'라는 자신감이
생겼다. 상대방을 신경 쓰거나 실제로 일어나지도 않을 두려움 때문에 하지 못하는 것들이
많았는데 '삼겹살 혼자 먹기'를 통해 스스로의 틀을 깨려고 노력했고, 그 결과에 만족했다.
앞으로 새로운 경험이나 상황이 닥친다면 먼저 걱정하거나 두려워하지 않고 '어? 그거
나 안 해봤는데? 이번에 해봐야겠다!' 하며 적극적으로 도전할 수 있는 자신이 생겼다.

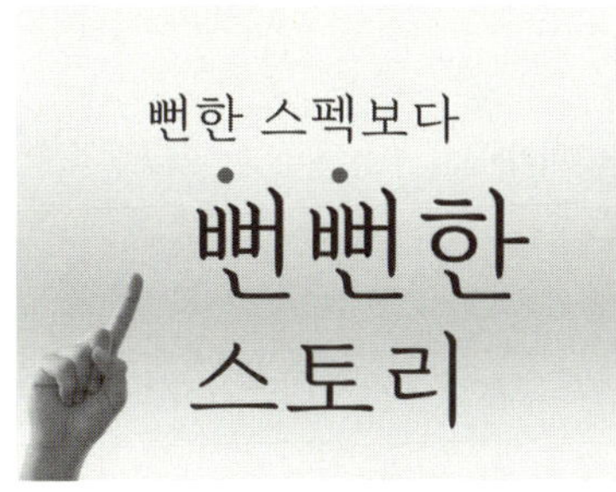

내 인생 첫 경험은 나의 스토리에 활력을 불어 넣어준다

이처럼 자신이 태어나서 처음으로 경험한 스토리 또는 최근 겪게 된 경험을 EECB 과정을 통해서 정리해 보는 것이다. 처음에는 구성을 명확하게 나눠서 스토리를 적는 것이 힘들겠지만, 조금만 익숙해지면 새로운 경험을 했을 때마다 스토리를 쉽게 정리할 수 있는 요령이 생길 것이다. 위의 EECB 질문에서 벗어나지 않도록 자신의 처음 경험을 꺼내어 적어보며 스토리를 디자인해 놓자.

태어나서 한 번도 해보지 못한 경험은 무엇이 있는지, 최근에 겪게 된 첫 경험은 무엇인지 곰곰이 떠올려 보자. 필자처럼 내 인생 첫 경험 쌓기 프로젝트를 해보고, 성공한 리스트를 일주일에 하나씩 적어보며 새로운 스토리를 만들어보아도 좋다. 첫 경험 프로젝트를 통해 느낀 점을 EECB 질문으로 구체화시키고 세세하게 기록해 보면 전체 구성이나 스토리를 자연스럽게 풀어내는데 도움이 될 것이다. 또 시간이 흐르면 당신의 흥미로운 스토리가 차곡차곡 쌓이는 것을 실감할 수 있을 것이다.

〈왼손으로 그림 그리기〉

사건 (Event)

나는 왼손잡이다. 어려서부터 강도 높게 오른손 사용을 강요받아 오른손으로 글씨도 쓰고 그림도 그리고 야구도 했다. 요즘 전공 공부와 관련해서 스케치에 대한 관심과 필요성을 많이 느낀다. 왼손으로 그려보면 어떨까? 호기심이 생겼다. 나를 깨우고 찾는데도 도움이 될 첫 경험일 거라는 느낌이 온다.

경험 (Experience)

우선 인터넷에서 스케치 기초 공부에 참고할 만한 도서를 한 권 구입했다. 다음 날 책이 도착했다. 책을 뒤적거려 보면서 뭐가 필요할까 궁리해 보았다. 스케치북 미술용 연필 등이 떠올랐는데 우선은 이면지와 샤프를 사용하기로 했다. 첫 번째 과제는 위에서 아래로 줄긋기 10장 꽉 채우기. 한 장씩 연습을 시작했다. 그런데 내가 명색이 왼손잡이인데 왜 그리 어색하고 불편한지 아주 답답하다. 왼손으로 연습을 하다 하도 답답해서 오른손으로 해보았다. 편하다. 잘된다. 희안하다. 왼손으로 스케치를 연습하는 게 혹 괜한 짓인가?라는 의구심도 슬슬 밀려온다. 하지만 이내 뿌리치고 왼손으로 계속 연습을 해나갔다. 그런데 또 그냥 '오른손으로 하지'라는 소리가 들린다. 어쩌지? 망설이며 선 그리기를 계속했다. 할까말까 머릿속이 복잡해지면서 연습의 집중력도 떨어진다. 그래도 난 왼손잡이라는 생각으로 스케치 연습을 지속하도록 강하게 밀어 붙였다.

느낀 점 (creative)

요즘 학부모들은 자기 아들, 딸들에게 초등학교 어린 시절부터 1등해 보라고 치맛바람이 장난이 아니다. 왜 그러나 했더니 어린 시절 1등 경험이 성인이 되어서도 큰 자산이 된다고 한다. "난 원래 1등이었어! 그런데 잠시 쉬고 있을 뿐이야! 언제든 마음만 먹으면 정상에 오를 수 있어" 그런 자신감 때문이란다. 왠지 공감이 가는 대목이다. 사실 왼손으로 스케치를 하는 게 영 탐탁치 않으면서도 계속하는 것은 왼손에 대한 자신감 때문임이 분명하다. 지금은 오른손보다 열등하지만 잠시만 더 노력하면 더 나아질 거라는 생각이 들며 나의 마음을 움직인다. '자신감을 키워라'의 의미가 무엇인지 조금 더 실감케 되는 느낌이다.

의미 부여 (Belief)

자신감이 있다고 해서 금방 실력이 붙는 것은 아니다. 왼손잡이로서의 자신감은 빵빵한데 왼손으로 그리는 선그리기 솜씨는 아주 별로다. 자신감에 성실한 노력이 반드시 플러스되어야 한다.

EECB 질문을 통해 자신의 인생 첫 경험의 스토리를 적어본 사례

👍

실수를 드러내면
멋진 스토리가 된다
#2

소소한 실수를 통한
스토리 메이킹

실수를 통한 스토리텔링의 사례는 쉽게 찾아 볼 수 있다. 누구나 한번 쯤 경험해 봤을 삶의 소소한 실수를 통해 사람들의 공감을 얻어내고, 그 안에 궁금증을 불러일으키는 제목과 반전의 스토리를 숨겨 놓는다면 실수는 좋은 스토리텔링의 소재가 된다.

엄마가 빵을 태워서 미안하다고 사과했는데, 아빠는 미소 띤 얼굴로 차분하게 말했어요. "여보, 괜찮아요. 이게 바로 내가 좋아하는 토스트에요." 그날 밤 아빠가 제 방에 굿나잇 키스를 해주러 오셨을 때 저는 진짜 탄 빵이 맛있냐고 물어봤어요. 아빠는 저를 꼭 안으면서 말했습니다. "얘야, 엄마는 하루 종일 집안 일에 시달렸어. 빵을 태울 수도 있지 않겠니. 게다가 조금 탄 빵이 사람을 아프게 하진 않아. 하지만 좋지 않은 타이밍에 상처 주는 말을 하는 것이야말로 큰 독이 된단다!"

(출처 : http://www.hefty.kr)

이 글은 실수로 검게 태워버린 빵을 통해 스토리텔링을 한 기사이다. 이처럼 일상에서 한 번쯤 경험해 봤을 실수를 통해 따뜻한 아버지, 가족의 사랑 이야기를 자연스럽게 녹여냈다. 소소한 실수로 스토리를 만든다면 상대방의 마음을 좀 더 느슨하게 만들 수 있을 것이다. 다만, 그 실수를 통해 단순하게 '다음에는 실수하지 말아야겠다'가 아니라 당신에게 어떤 삶의 변화가 있었는지를 신념Belief 형태로 정리해 두어야 한다. 실수한 사실이 중요한 것이 아니라 실수를 통해 새로운 의미 부여를 하는 과정이 더욱 중요하다. 자신이 실수했던 순간을 떠올려보고, 그 순간의 의미를 부여해 보자.

소소한 일상의 실수를 공유하고, 실수를 통한 새로운 의미를 부여해 보자

"홍삼, 제대로 먹는 법을 알려드릴까요?"

자신의 실수를 공유하면 재미난 스토리를 만들 수 있다. 필자는 스피치 강의를 할 때, 처음으로 홈쇼핑 방송을 촬영했을 당시 실수했던 홍삼 이야기를 빠지지 않고 한다. 필자의 역할은 아침에 홍삼을 먹고 출근하는 직장인이었는데, 평소 홍삼을 자주 먹어봐서 대수롭지 않게 방송을 준비했다. 촬영이 시작되고 감독님은 홍삼 액기스를 마시는 리액션을 해달라고 했다. 나는 최대한 밝은 표정으로 마시고 '캬~~~' 하고 표정을 지었다. 그 순간 감독님이 버럭 소리를 질렀다. "야!!! 누가 홍삼을 그따위로 먹어~ 너 홍삼 안 먹어봤어?? 방송 처음 해?" 순간 촬영장의 분위기가 싸늘해졌다.

처음엔 감독님이 왜 이렇게 화를 내시는지 이해가 되지 않았다. "평소 먹는 데로 홍삼을 먹었는데, 내 표정이 안 좋았나?" 하고 한참을 멍하니 서있었다. 그러자 감독님이 홍삼을 한 컵 따르더니 어떻게 먹는지 잘 보라고 하셨다. 감독님은 홍삼을 한 컵 쭈욱~ 따라 마시더니 갑자기 의자에서 일어나 "오우~ 이거 몸이 오우~ 이건~ 아주 ~ 힘이 불끈불끈 나는데?" 하면서 어깨와 목을 으쓱거리기 시작했다. 마치 돌쇠가 마당에 쌓여있는 장작을 조각내고, 땀에 흠뻑 젖은 얼굴로 시원한 물을 벌컥벌컥 들이키듯이 홍삼을 원샷하는 것이다. 그때 나는 처음으로 식품 방송에서는 '맛을 단순히 말과 표정으로 표현하는 것이 아니라, 저렇게 온몸을 사용해서 표현해야 하는구나' 하고 느꼈다. 방송은 맛과 향기를 말로 충분히 전달해 줄 수 없기 때문에 표정과 온몸으로 그 맛을 대신 표현해줘야 한다는 것을 배웠다. 온몸을 사용하면서 마시는 홍삼의 맛은 확연히 달랐다. 나는 당시 겪었던 실수를 잘 정리해 두었고, 그 이후 건강식품을 촬영할 때마다 내가 겪었던 실수를 토대로 온몸 연기를 했더니 좋은 평가를 받을 수 있었다.

"초반에 음식을 너무 빨리 많이 먹으면 촬영 감독님이 원하는 샷을 디테일하게 찍을 때나 원하는 장면을 담고 싶어할 때 표정 연기가 힘들다. 과하지 않게 음식을 먹는 속도 조절과 동선을 생각하면서 먹을 것. 음식을 먹고 뱉어야겠다는 생각은 버려야 한다. 진짜 먹어야겠다는 의지를 담아서 적극적으로 먹어야 한다. 건강식품은 온몸으로 표현해 주고, 뜨거운 음식은 중간중간 김을 한 번 내뿜어주자. 면을 먹을 때는 항상 카메라에 잘 보이게 한 젓가락 떠서 먼저 보여주고 후루루룩 한입에 먹자. 맛있게 먹는 소리도 추가로 신경써야 한다."

이처럼 생활 속에서 겪었던 실수나 에피소드를 놓치지 않고 기록하겠다는 목표를 세우고, 항상 일할 때마다 실수를 기록한 덕분에 지금까지도 많은 스토리들을 생생하게 기억할 수 있었다. 현장에서 그들만이 쓰는 용어와 내용 또한 상세히 적혀 있어서 시간이 지나도 쉽게 그때의 기억을 떠올릴 수 있다. 이처럼 실제 경험에서 우러나오는 이야기들은 금방 공감을 불러일으키게 된다.

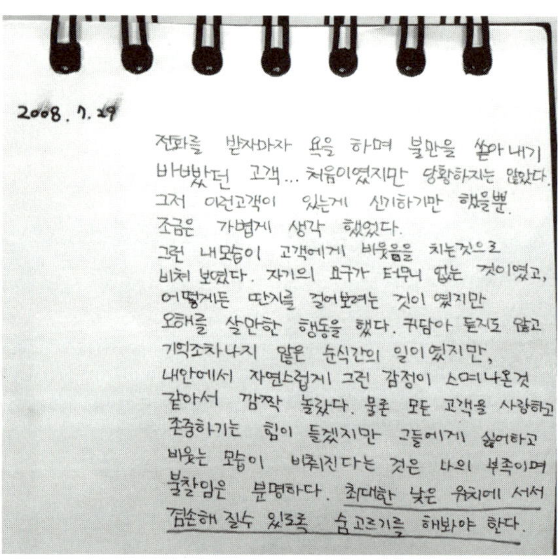

홈쇼핑 고객상담원으로 근무할 때 나의 실수와 에피소드가 적혀있다

기억에 남는 실수는 무엇이 있었는지 고민해 보고, 다양한 주제에 사용할 수 있는 나만의 실수노트도 만들어보자. 그때의 감정과 생각, 느낌을 구체적으로 세세하게 적어두고 "홍삼, 제대로 먹는 법을 알려

드릴까요?"라고 상대방을 더욱 궁금하게 만들어 줄 쩝핑 제목도 만들어보자. 자신의 실수와 경험을 챙기고, 자신만의 스토리로 디자인해놓자.

자신의 실수를 공유하라

"이건 제가 예전에 들었던 말인데?" 또는 "제가 아는 사람 이야기인데…"라고 남의 말을 빌어 스토리를 전하는 사람이 있다. 하지만 그런 이야기는 사건을 겪은 당사자에게 직접 듣는 것이 더욱 생생하다. 필자는 푸드송 가수 '마블링'으로도 활동하고 있는데, 브랜딩을 하는 과정에서 생긴 실수로 재미난 (성공)스토리가 생겨났다.

지방 공연을 다니면서 푸드송 가수 '마블링'이라고 그룹을 소개하면 우리를 '소고기'라고 기억하는 어르신들이 많았다. 그런 일이 거듭되자 우리의 경쟁상대는 어느덧 소고기가 되었다. 검색창에 '마블링'이라고 검색을 하면 소고기 마블링이 더 많이 검색된다. 그 이후 소고기 마블링보다 더 유명한 가수 마블링이 되고 싶다는 목표를 세웠고 그때부터 이렇게 인사를 했다.
"안녕하세요~ 소고기를 이기고 싶은 푸드송 가수 마블링입니다."

소상공인진흥공단에서 '사업 특성에 따른 SNS 성공 사례' 강의를 할 때 성공한 브랜딩 사례와 함께 나의 실수를 공유했다. 그러면서 브랜딩을 왜 잘해야 하는지 실제 나의 시행착오 사례를 정리해서 보여줬는데, 수강생들은 이 상황을 꽤 재밌어 했다.

"이렇게 하면 마케팅에 100% 성공합니다" "이렇게 하면 블로그 방문자 수가 하루에 수천 명씩 늘어납니다"라고 부풀린 남의 성공스토리를 공유하는 것보다 비록 실수도 많고 시행착오도 겪었지만 실제 경험한 나의 스토리에 사람들은 더욱 귀를 기울인다. "이렇게 하니 잘 되더라"라는 일방적인 스토리의 전달보다는 "나는 이런 시행착오를 겪었는데 이렇게 하니 잘 안 되더라~" "저처럼 이렇게 실수하는 것은 피하는 것이 좋겠다"라고 오답노트를 풀어가듯이 스토리를 꺼내니 수강생들도 나의 스토리를 긍정적으로 기억해 줬다.

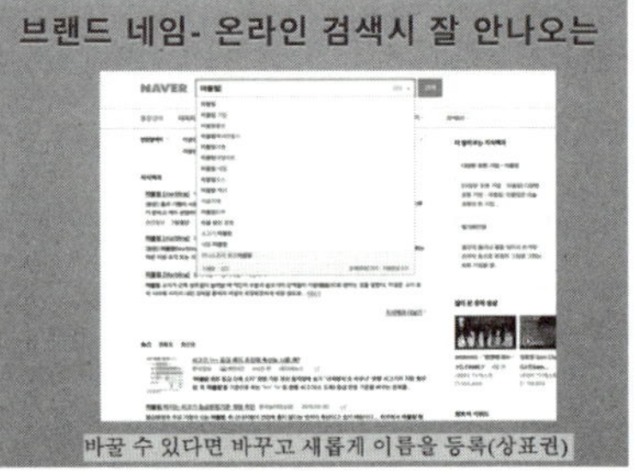

실수가 담긴 스토리를 통해 시행착오의 과정, 긍정의 결과를 보여줘라

필자가 겪은 시행착오 사례와 함께 온라인 검색시 키워드를 잘 찾

아낼 수 있는 방법을 공유하고, 소고기를 이기고자 시도했던 나의 브
랜딩의 흔적들을 통해 강의는 또 다른 의미의 나만의 성공(?) 스토리가
되었다. 실수하지 않았으면 미처 몰랐을 사실들을 정리해서 공유해 본
다면 나만의 또 다른 성공 스토리를 만들 수 있을 것이다.

\#

실수는

자연스럽게 상대의 마음을 열 수 있는

좋은 스토리텔링의 소재이다.

실수를 공유해 보자.

간접경험도
훌륭한 스토리다
#3

간접경험이
가지고 있는 힘

MBC TV 〈시간여행자〉라는 프로그램은 40년 후의 모습으로 분장을 하고, 미래의 하루를 살아보는 시간체험 프로그램이다. 단순히 노인 분장을 하고 하루 동안 노인으로의 삶을 체험한 것뿐인데, 방송에 참여한 연예인은 여태까지 단 한 번도 경험하지 못했던 감정과 감동을

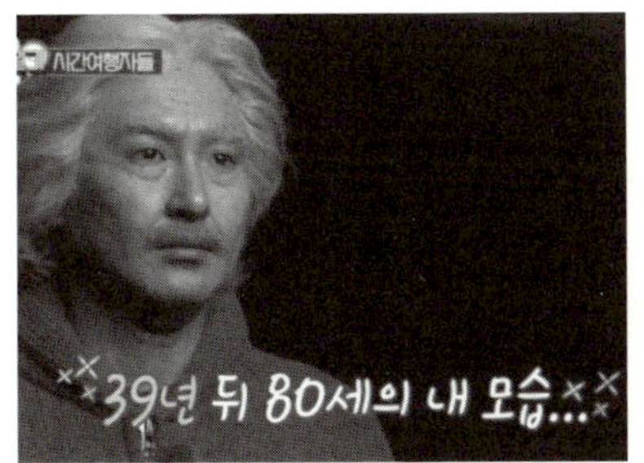

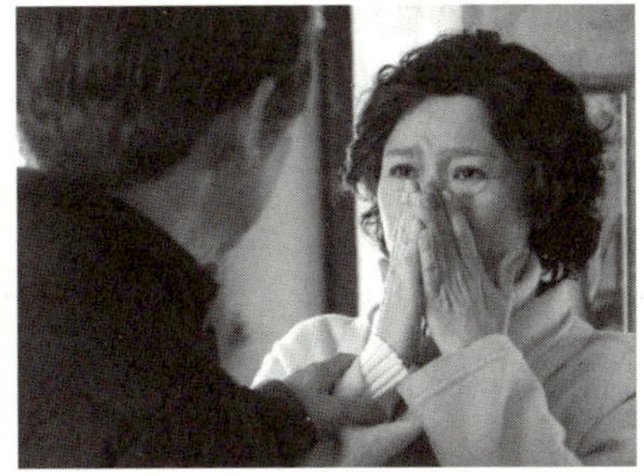

미래의 하루를 살아보는 시간체험 프로그램 – 안정환, 강성연 편
(화면 캡처 : MBC 〈시간여행자〉)

느꼈다고 고백했다. 이 프로그램을 시청한 많은 시청자들도 그들과 함께 공감을 하며 눈물을 흘렸다.

우리는 타인의 경험을 통해서도 우리의 모습을 다시금 찾아볼 수 있다. 처음으로 느껴보는 그들의 감정을 공감하고, 현재의 삶을 돌이켜 볼 수 있는 것이 간접경험이 가지고 있는 가장 큰 힘이다.

사람들은 타인의 경험을 통해 정보를 얻는다. 만약 자신의 경험을 바탕으로 무언가에 만족했다면 주변 사람들에게 다양한 방법으로 추천을 할 것이다. 자신이 새로운 경험에 만족했다면 '내가 이번에 여행을 다녀왔는데…' 하며 스스로 정보를 공유하고 싶은 마음이 드는 것이다. 하지만 겪어보지 못한 간접경험을 통해서도 우리는 많은 것을 배우고 느낀다. 그렇다면 어떻게 상대의 경험을 훌륭한 스토리로 만들 수 있을까?

서로의 경험을
공유하라

대학생들을 대상으로 '내 인생 첫 경험 쌓기' 프로젝트를 매학기 진행했다. 매주 두 가지 이상 내 인생의 첫 경험을 한 후, 2분씩 서로가 새롭게 경험한 스토리를 함께 나누고 토론하는 것이다. 처음에는 다들 주저하며 자신의 이야기를 풀어내지 못했지만, 시간이 지날수록 자신이 새롭게 경험한 일에 흥미를 가지고 발표에 임하는 모습을 볼 수 있었다. 자신의 실제 경험을 통해 서로 이야기를 나누고, 상대의 경험을 들으면서 자신의 생각을 비교해 볼 수 있는 시간이었기 때문이다.

"만약 나였으면 어땠을까?" "나도 저렇게 생각했을까?" 하고 상대의 경험을 통해 스스로에게 의미 부여를 하는 학생들은 한 학기 동안 그들의 삶의 이야기를 열심히 나눴다. 줄거리, 느낀 점, 역할 제시, 의미 부여 형태로 구성을 갖춘 스토리들이 만들어지기 시작했고, 각 사건들을 의미있게 엮어볼 수 있었다. 많은 첫 경험 중 기억에 남는 하나의 스토리를 공유해 보겠다. 바로 사춘기의 딸을 둔 늦깎이 대학생의 첫 경험이다.

"아직은 삼한사온처럼 변덕이 심한 딸, 사춘기 징후가 앞으로 얼마나 더 자주 돌출하여 아빠인 나를 지치게 만들지 모르겠지만, 와인이나 맥주가 아닌 소주 한 잔을 처음으로 부녀가 마주 앉아 마셨

어느덧 훌쩍 커버린 딸아이의 생각에 대한 당혹감, 길었던 사춘기의 방황이 끝나감에 안도감이 들었던 아빠의 마음, 내가 알고 있는 딸의 모습과 딸이 알고 있는 아빠의 모습이 너무나 다름을 느낀 순간, 일방적인 지시만을 했던 지시형 아빠에서 조금은 딸아이의 얘기를 들어주는 아빠로의 전환 등등 자신의 딸아이와 비슷한 나이 또래인 학생들과의 대화에서, 학생들은 아빠의 마음을 간접적으로 공감할 수 있었고, 아빠도 딸의 마음을 조금이나마 헤아릴 수 있었다. 나이와 사고방식 그리고 살아온 환경이 모두 다른 학생들과 자신의 경험을 공유하는 과정을 통해 한 학기 동안 수많은 스토리가 공유되었다.

그밖에도 처음으로 봉사를 시작하고 기쁨을 찾았다는 학생, 영화관에서 제일 늦게 나가려다가 보이지 않는 곳에서 일하는 스텝들과 영화관 청소부 아줌마의 마음을 헤아린 경험, 인원이 많아서 어쩔 수 없이 자동차 트렁크에 처음으로 타며 인원 제한이라는 규칙이 있어서 우

◉ 아빠의 사랑을 담은 딸과의 소주한잔 ◉

언제가부터 딸아이가 누굴 닮아 저 모양인저라고, 한동안 주변을 입에 달고 살며서 나 자신의 유전자 전이를 극구 부인하던 나 자신.

딸의 사소한 장점하나를 살들 챙겨 나 자신을 닮았다며 대견해 하는 내모습.

사춘기 산만스은처럼 변덕이 심한딸, 사춘기 징후가 앞으로 얼마나 더 자주 돌출하여 아빠인 나를 지치게 할런지 모르겠지만, 와인이나 맥주가 아닌 진정한 한국인의 위장의 친근을 녹여내는 소주 한잔을 처음으로 부녀가 마주 앉아 마신후, 이젠 두렵지 않다.

딸은 신내성없는 아빠였던 나에게 한때나마 속단했듯이 결코 그런아가 아니었음을, 다만 끝물 사춘기의 통과의례를 힘겹게 치르고 있을 뿐이었다. 수치로 환산해 보면 그것인 딸의 사춘긴 다른 또래보다 너무 늦게 시작 되어 지금의 그래프는 또래는 끝날즈 무렵이라도, 현재 진행형이라도, 약 90%쯤 진행중인것 같다.

얼마남지 않은 막바지 사춘기를 아이가 순거롭게 헤쳐나가기를 엄마 ㅡ 아빠인 나는 터널 밖에서 기다리며 서서히 출구전략을 구상해야 겠다. 사춘기를 지나 성인이 되려는 딸에게 자소금 주입시켜야 할말이 한가지 있다.

'헛된 짓을 바라지 않으며 아무것도 두렵지 않게 되고 그러면 너의 영혼은 자유로울 것이다.' 이 소심한 아빠의 이 가르침을 따르다 보면, 세상살아가 다소 외롭고 힘들겠지만 아빠인 새가 사는 인생의 거울한 진실은 이것뿐이다.

작년 연말쯤, 집근처의 식당에서 새 딸또래의 여자아이가 아빠로 보이는 중년의 남자에게 과음의 탓언지 아니면, 아빠에게 쌓였던 적대감인지 한동안 말없이 중년의 남자에게 충고와 조언을 듣던중 그와 함께 입에 담기 힘든 언사를 함부로 새 뱉던 그 광경은 나에게 큰 충격이었다.

오늘 딸과의 소주 한잔으로 시작된 부녀간의 회담은 아빠인 나에게 대단한 간격이자 성공이었다. 그 아이와는 사뭇나 다른 반응이었거에 더욱 그랬다.

철것 죽고 있던, 나의 열성인자만을 타고 난 나어라 생각했던 나의 딸.

딸과의 스토리를 공유해 아빠의 마음을 간접적으로 느낄 수 있었다리가 편히 지낼 수 있다는 깨달음을 얻은 경험, 가르마를 처음 반대로 타고 나갔는데 사람들이 의외로 나한테 관심을 갖고 있지 않았다는 경험 등등 학생들은 자신이 처음으로 경험한 소소한 스토리들에 저마다의 새로운 의미를 부여하고, 경험의 공유로 스토리의 살을 붙여갔다.

우리는 간접경험을 하게 되는 경우가 참 많다. 책을 읽거나 상대의 경험을 듣거나 혹은 방송을 통해서 다른 사람들이 체험한 간접경험을 느끼게 된다. 그럴 때 스스로에게도 질문을 던져보는 것이다. '나였다면 어땠을까? 나는 어떻게 행동하고 생각했을까?'라고 당신의 입장에서 스토리를 재해석해 보거나, 타인의 경험을 통해 생각나는 당신만의 스토리가 있는지 한 번 떠올려 보자.

당신의 스토리를 비밍시켜라

최근 1인 미디어나 퍼스널 브랜딩이 확산되면서 자신을 표현하고 자신의 정체성을 드러내는 일이 더욱 중요해졌다. 각종 SNS를 통해 내가 이렇게 예쁘고 매력적이고 좋은 환경에서 산다고 뽐내는 것은 이제 자연스러운 일상의 모습이다. 이런 #있어빌리티 시대에 자신을 매력적인 사람으로 만들기 위해서는 자신만의 빛나는 스토리를 만들어 자신을 적극적으로 알려야 한다.

#있어빌리티는 '있어 보임'과 능력을 의미하는 '어빌리티'가 협쳐져 만들어진 신조어로, 있어 보이게 만드는 능력이란 뜻이다. SNS 시대에 맞춰 잘 디자인된 이미지로 나의 모습을 보여준다면 당신의 스토리는 당신을 더욱 빛나게 만드는 무기가 될 것이다.

최근에는 시간적으로나 경제적으로나 부담 없이 소박하게 문화를 즐기고자 하는 성향인 #스낵컬처Snack Culture가 만연하게 퍼져있다. 따라서 쉽게 공감할 수 있고 참여할 수 있는 스토리를 만들어 사람들을 끌어당겨야 한다.

한 예로 가수 에픽하이의 공연 포스터를 보면, 최근 흥행하는 영화 포스터를 패러디해 쉽고 빠르게 자신의 공연 소식을 재치있게 전달하고 있다. 얼핏보면 전문가의 노력이 필요해 보이지만 실제로 포토샵 없이 분장으로만 포스터를 만들었다. 유쾌하고 재미난 공연 포스터로 많은 팬들은 그들이 전달하고자 하는 메시지를 쉽게 받아들였다. 그리고 자신의 공연을 #해시태그를 통해 많은 사람들이 검색해 볼 수 있도록 재치있는 아이디어와 이미지를 적극 활용하고 있다.

또 지하철 역 곳곳에 붙어있는 경찰청의 포스터도 많은 시민들의 관심을 이끌어냈다. 신고상담과 긴급범죄의 차이를 보여주는 홍보물을 쉽고 재미있게 만들어, 전달하려는 내용을 빠르게 이해할 수 있도록 한 것이다.

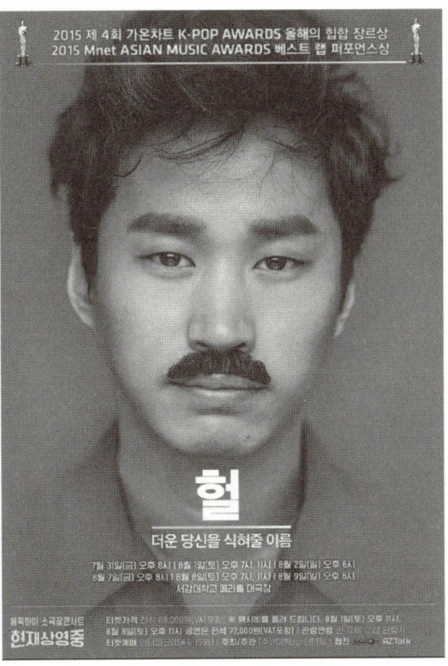

영화를 패러디한 가수 에픽하이의 공연 포스터

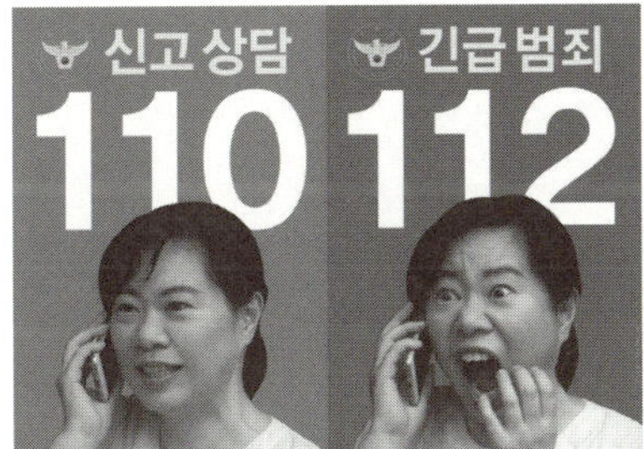
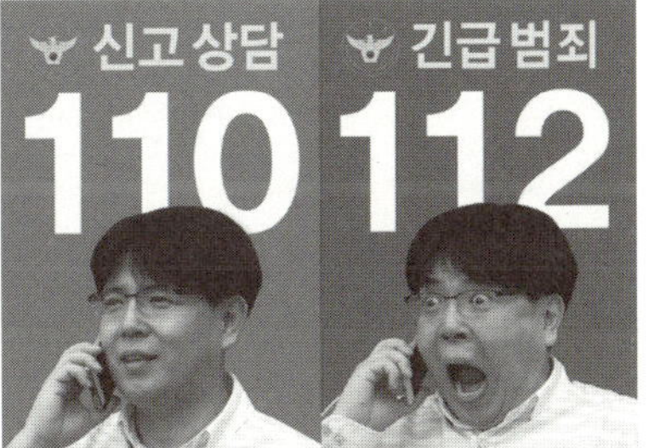

(출처 : 경찰청)

이처럼 당신의 스토리를 사람들에게 명확하게 기억될 수 있도록 이미지화시킨다면 훨씬 더 큰 효과를 볼 수 있다. 그렇게 당신의 스토리를 만들어 보여준다면 오랫동안 사람들의 기억에 남을 것이다. 평소

재미있게 보았거나 인상 깊었던 문구들을 토대로 나의 스토리를 잘 드러낼 수 있는 포스터를 만들어 보자. 당신만의 스토리를 강력하게 빛내 줄 스토리 비밍이 될 것이다.

#
스토리텔링의 시대는 끝났다.
이제는 쉽고 빠르게 스토리를 비밍시켜
사람들을 끌어당겨야 한다.

본인의 개성을 드러낸 스토리 비밍(빛나게 만드는)의 몇 가지 사례를 살펴보자.

1) 오직 손으로만 그려낸 핸드메이드 여행일기

〈내 손으로, 발리(뉴런)〉의 저자인 일러스트레이터 이다 씨는 카메라 없이 오직 핸드메이드로 자신의 여행일기를 만들었다. 사진도 없고, 타이포도 없고, 편집도 없이 첫 장부터 끝까지 모든 것을 손으로 꾸미며, 본인이 꿈꿔온 책을 직접 만들면서 자신의 스토리를 빛냈다. 자신이 묵는 숙소에 놓인 테이블에 앉아 매일 팔이 저릴 때까지 그날의 기록을 하고 잠도 몇 시간 제대로 못 잤지만, 나만의 여행노트가 세상에 책으로 나온다는 생각에 몰입할 수 있어서 정말 행복함을 느꼈다고 고백했다. 실제로 생생한 그림과 현장의 느낌들은 카메라 사진으로 보는 것과는 또 다른 흥미를 느끼게 만들어 주었다. 그의 그림과 상황을 보면서 발리에서 그가 겪었던 스토리를 읽다보면 마치 그와 함께 여행을 떠난듯한 느낌이 저절로 들었다.

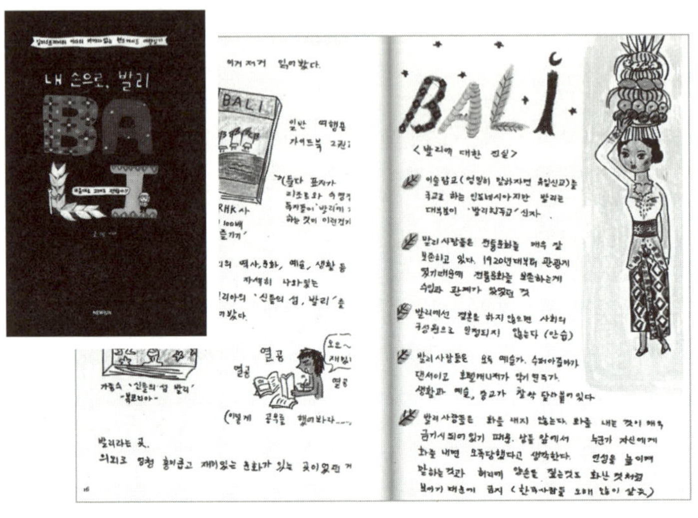

내 손으로, 발리(이다)

2) 날마다 자신의 물건 하나씩 버리기

〈날마다 하나씩 버리기(예담)〉 프로젝트로 자신의 스토리를 비밍한 사례도 있다. 평소 양말 하나도 제대로 버리지 못했던 이 책의 저자(선현경)는 우연히 '죽어도 못 버리는 사람들'이란 다큐멘터리를 보고, 자신의 집도 그들과 다르지 않음을 느낀다. '딱 일년만 하루에 하나씩 버리면서 최대한 들이지 않는 생활을 해보자'고 결심하고, 하루에 하나씩 물건을 버릴 때마다 물건에 얽힌 사연이나 에피소드를 날마다 기록하는 '1일 1패 프로젝트'를 시작했다. 2013년 4월 22일부터 1년 동안 버리는 사물에 대한 스토리인 것이다.

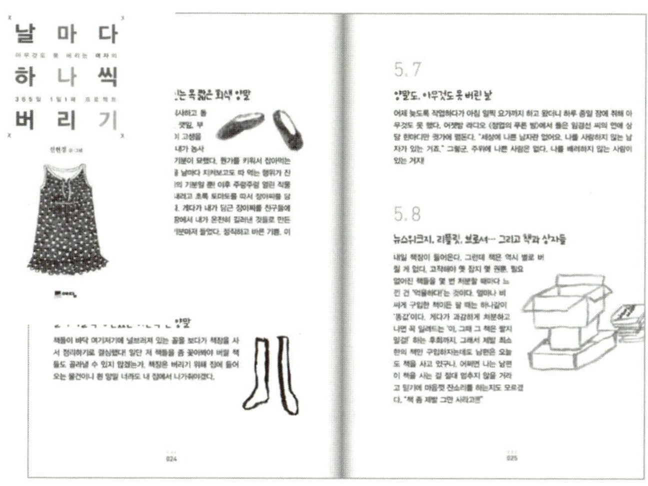

날마다 하나씩 버리기(선현경)

그는 단순히 집에서 안쓰는 물건들을 하나씩 버리면서 다양한 형태의 생각들을 정리해 본인만의 스토리로 만들었다. #결심, #망설임, #불안, #정리, #취향의_변화, #나눔, #즐거움, #소비_철학, #노력, #잘못된_생각과_불필요한_감정, #꿈, #자유, #깨달음까지 물건을 버릴 때마다 떠오르는 감정과 스토리를 적어 보았고 그것을 모아 한 권의 책으로 출간했다. 자신과 함께 했던 물건들에 의미를 부여하면서 미련 없이 버리는 그녀의 과감한 결심을 통해 그녀의 감정을 공감할 수 있었고, 1일 1패 프로젝트를 따라하면서 자신만의 의미 부여를 하는 사람이 생길 정도로 많은 사랑을 받은 스토리 비밍 프로젝트였다.

3) 43일간의 묵언 수언 프로젝트

또한 커뮤니케이션 전문가가 성대 종양으로 최대한 말을 하지 말라는 의사의 처방에, 방학도 했고 목도 아낄 겸 묵언수언을 시작하면서 자신의 스토리를 비밍한 〈나는 오늘부터 말을 하지 않기로 했다(시루)〉 사례도 있다. 이 책의 저자인 편석환 교수는 43일간 묵언으로 얻은 경험을 일기 형태로 쓴 글, 묵상, 자신과의 대화를 모아서 한 권의 책으로 냈다. 강의를 하면서 말로 먹고 사는 사람이 43일간 묵언수언 프로젝트를 하면서 '그동안 자신이 너무 많은 말을 하고 산 건 아닐까? 진짜 말을 하기 위해서라도 말을 그만 해야

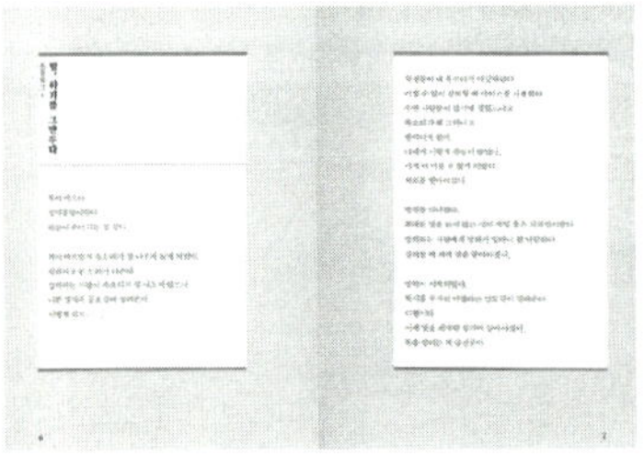

나는 오늘부터 말을 하지 않기로 했다
(편석환)

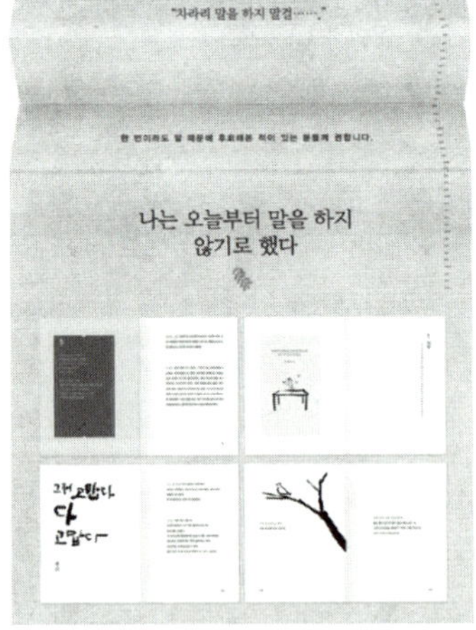

겠다'고 깨달음을 얻었다고 한다. 말을 안했으면 쓸데없이 후회할 일을 만들지 않았을 사람들에게 그는 자신의 프로젝트를 통해 스토리를 비밍하였다.

가까운 서점에만 나가도 이렇게 자신만의 프로젝트를 진행하면서 얻는 깨달음을 공유하는 스토리 비밍 사례가 많이 있다. 어떤 프로젝트이던지 무언가를 꾸준히 하면서 그 안에서 의미를 부여하겠다는 마음만 있다면, 위와 같은 프로젝트를 참고해서도 얼마든지 자신만의 스토리를 만들어 낼 수 있을 것이다. 작은 사물이나 자신이 계획한 소소한 프로젝트라도 세세하게 기록하고 생각하는 과정에서 또 다른 자신만의 스토리를 만들 수 있다. 자신이 잘할 수 있는 취미를 통해서도 좋고, 이미 진행하고 있는 여러 프로젝트 중 한 가지를 참고해서 자신만의 스토리를 히스토리로 남기길 바란다.

Chapter #5

일상에서
스토리를
찾아라__________

시간으로 스토리를 만들어라

#1

시간 흐름으로
스토리를 나열하라

두 연인이 낯선 공간에서 만나 사랑을 그린 영화 〈비포 선라이즈〉 〈비포 선셋〉 〈비포 미드나잇〉은 주인공들이 나눈 시간의 흐름대로 스토리를 이끌어간 영화이다. 영화 제목에서 느낄 수 있는 것처럼 주인공의 스토리는 시간의 흐름에 따라 계속 새롭게 이어진다는 점이 흥미롭다. 시간이 흐르면서 주인공은 어떻게 변하고 둘 사이에 무슨 일이 벌어질까? 사람들은 끝나지 않은 스토리를 궁금해 했고, 다음 편이 시작되기 전까지 자신만의 상상의 나래를 펼치며 영화 이야기를 나눴다. 영화 주인공으로 나온 제시(에단호크)와 셀린(줄리델피)은 첫 영화를 찍으면서 시간이 지난 후 속편을 찍기로 감독과 미리 의논했다고 한다.

시간의 흐름을 보여준 영화 〈비포 선라이즈〉 〈비포 선셋〉 〈비포 미드나잇〉

그들이 보여주지 않았던 공백의 시간은 모두 좋은 스토리텔링이 되었다. 시간의 흐름에 따라 전개되는 영화를 보면 마치 오래된 일기장을 꺼내어 읽는 듯한 편안한 느낌이 든다. 또 영화의 주인공이 나이가 들어가고 변해가는 모습, 서로에 대한 마음과 감정의 변화를 확인해 보는 재미가 있다. 자연스러운 시간의 흐름을 통해 보는 사람도 쉽게 이해하고 내용에 빠져들 수 있었다. 이후 완성된 속편에서는 상상하지 못한 방향으로 주인공의 스토리가 전개되기도 하고, 때론 여론에 따라

서 스토리가 조금씩 변하기도 하며 사람들을 몰입시켰다. 최근 극장에
서 다시 영화를 상영할 만큼 많은 사람들의 관심을 받고 있다.

과거의 모습이나 주인공의 배경을 그린 속편이 나오기도 한다. 〈스
타워즈〉나 〈배트맨〉 〈어벤져스〉처럼 과거의 시간을 거슬러 스토리를
전개하는 것 역시 시간의 흐름을 통해 영화에 몰입하게 만든다.

키워드를
시간 순서로 적어보자

예전에 써놓은 일기를 읽어본 적이 있다면 익숙한 나의 모습을 발견할
때가 있다. 과거의 나의 모습을 통해 여전히 변하지 않은 나를 발견하
기도 하고, 현재의 좋은 깨달음을 끌어내기도 한다. 예전에는 아무런
의미없이 읽었던 책이나 영화의 한 구절이 시간이 지나면서 더욱 깊게
다가오기도 한다.

일정한 시간이 지난 후에 자신의 과거를 거슬러 보면 자신의 생각
의 흐름을 확인할 수 있다. 한 가지 키워드나 주제에 대해 그때와 지금
나의 생각을 시간의 순서에 따라 적어보자. 예전부터 지금까지 변하지
않은 나의 신념을 찾을 수도 있고, 그때 알았더라면 더욱 좋았거나 미
처 몰랐으면 좋았을 것에 대한 이야기도 떠올려 볼 수 있다. 과거의 모
습을 바탕으로 새로운 스토리를 만들어 볼 수도 있고, 현재의 모습을

바탕으로 과거의 새로운 의미를 찾아낼 수도 있다.

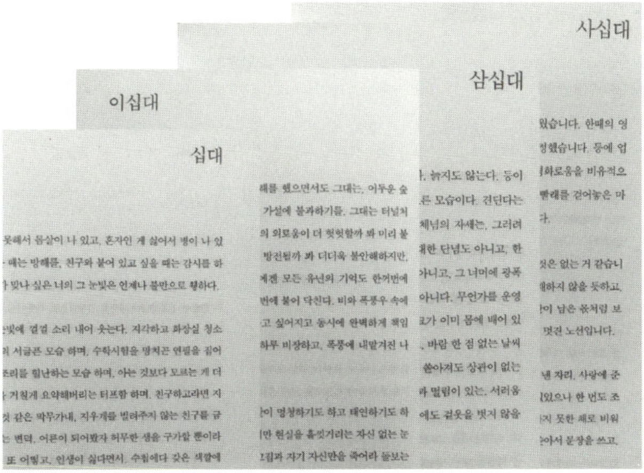

시간에 따라 달라지는 생각의 흐름을 정리해 본다 (출처 : 〈마음사전(김소연)〉)

"아빠, 나도 아빠처럼 살 수 있을까?" 입가에 맴도는 말을 삼키니 어느새 눈물이 핑 돌았다. 어렸을 때 가족과 떨어져 지내는 아빠가 참으로 미웠다. 아빠의 빈자리를 느낄 때마다 내가 만약 아빠가 되면 나는 훨씬 더 자상하고 좋은 아빠가 될거라고 다짐했다. '아빠처럼 살지 않겠다'라고 수백 번 넘게 다짐하며 나는 30대가 되었다. 그 사이 아빠는 30년이 넘는 직장생활을 마치고 정년퇴직을 하셨고, 총각으로만 영원할 것 같았던 나도 좋은 짝을 만나 가정을 꾸렸다. 결혼을 하고 나니 '나도 아빠가 될 수 있을까?'라는 고민을 하게 되면서 아빠의 삶을 조금씩 헤아려 보게 되었다.

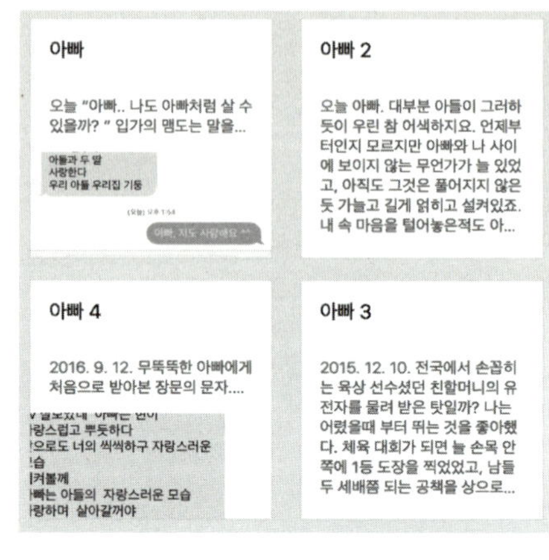

위의 글은 #아빠라는 키워드를 시간의 순서대로 적어본 것이다.
어린 시절의 아빠, 학창시절의 아빠, 결혼 후의 아빠에 대한 생각을
시간의 순서로 적었다. 예전에는 미처 느끼지 못했던 감정들, 전에는
미처 볼 수 없었던 모습들, 변해가는 환경에 따라 새롭게 느껴지는 생
각을 시간의 흐름으로 정리해 놓으니 스토리의 흐름이 더욱 좋아졌다.
이처럼 하나의 키워드를 통해 함께 나눈 추억을 기억하고 기록해 두면
시간이 지날수록 스토리는 더욱 풍성해질 것이다.

또 다른 방법은 시간에 따라서 자신에게 있었던 사건들을 떠올려보
는 것이다. 꿈과 목표 그리고 당신이 좋아했던 보물들과 잊지 못할 이
벤트 등을 통해 당신의 스토리 맵을 만들어 볼 수 있다. 지난 시절에
대한 추억을 다시 떠올려보면 본인이 생각지도 못했던 스토리의 키워

드를 찾거나, 예전엔 미처 발견하지 못했던 내 인생에서의 의미 있고 가치 있었던 경험을 떠올릴 수도 있다.

가까운 가족의 모습에서 찾을 수도 있고, 지금 나의 기준에서 지난 시절을 한 번 돌이켜 보는 것도 좋다. 당신의 생각의 흐름을 보여주는 것에 집중하여 시기별로 느껴지는 감정을 키워드로 적어보도록 하자.

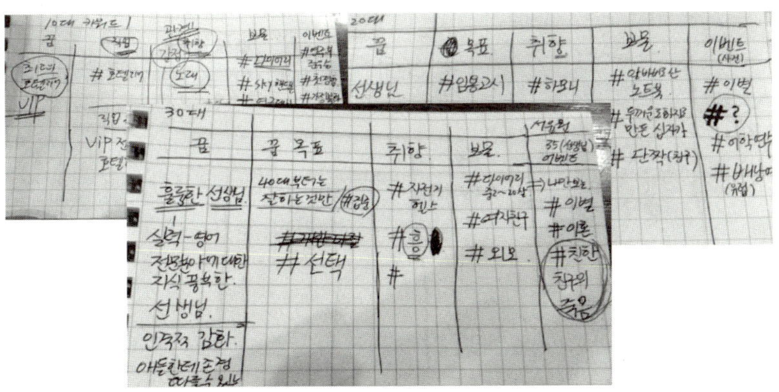

시간 순서대로 키워드를 적어본 스토리 맵

이처럼 같은 주제나 한 가지 키워드를 정해 달라진 나의 생각과 신념의 변화를 보면서 시간의 흐름으로 자연스러운 스토리를 만들어 나갈 수 있다. 때에 따라서는 시간의 흐름을 거꾸로 해보는 것도 방법이다. 내가 해당 나이나 시기에 살았다고 가정을 하고, 과거에서 현재 혹은 현재에서 과거, 미래에서 과거 순서로 이야기를 바꿔서 생각해보는 과정에서도 새로운 스토리를 만들 수 있다.

스토리를
디지털로 정리하자

종이와 펜을 사용해서 메모를 하면 우뇌와 좌뇌를 동시에 사용하기 때문에 기억이나 창의적인 생각을 하는데 장점이 있다. 하지만 디지털 메모장을 사용하면 훨씬 더 간단하고 편리하게 스토리를 활용할 수 있다. 바로 검색 기능이 있기 때문이다. 아날로그와 디지털, 둘 중 하나를 고집하기보다는 두 개의 장점을 함께 활용하는 것이 좋다. 상황에 따라 급한 메모는 종이에 쓰고, 정리하고 보관할 때는 디지털로 문서화시켜 나의 스토리 저장고인 디지털 메모장에 옮겨 놓는 것이다.

필자 또한 정보를 쉽고 빠르게 활용하기 위해 여러 가지 메모도구를 사용하고 있다. 작은 수첩은 순간 떠오르는 아이디어나 키워드를 적어두는 용도로, 커다란 노트는 마인드맵을 그리는 용도로, 디지털 도구로는 아이패드와 노트북을 사용한다. 물론 급할 때는 스마트폰 메모장에 적거나 포스트잇에 적기도 하지만, 나중에는 수첩과 에버노트에 옮겨 보관을 한다. 좋은 메모습관을 잘 들이고 싶다면 자신이 익숙한 형태로 쉽게 사용할 수 있는 환경을 만들어 놓는 것이 좋다. 물론 아날로그 메모도 검색이 쉽게 파일별로 분류해 두는 것을 잊지 말자.

앞서 얘기했던 '내 인생 첫 경험 쌓기'는 2010년부터 시작하여 2016

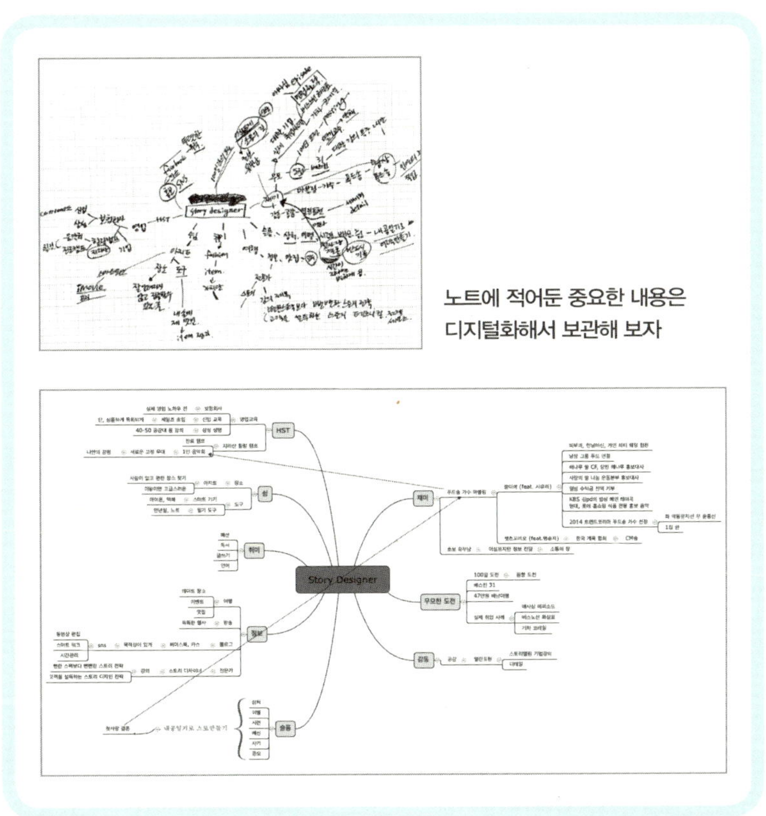

노트에 적어둔 중요한 내용은
디지털화해서 보관해 보자

년 현재 총 500개가 넘는다. 이 스토리들은 매년 다이어리에 적어두었지만 한 번에 보기가 힘들었다. 그래서 사용하게 된 디지털 메모도구가 바로 '에버노트'이다(스토리 디자이너의 비밀노트 참고). '첫 경험' 스토리를 에버노트에 적어두고 시간 순서대로 한 페이지에 정리했다.

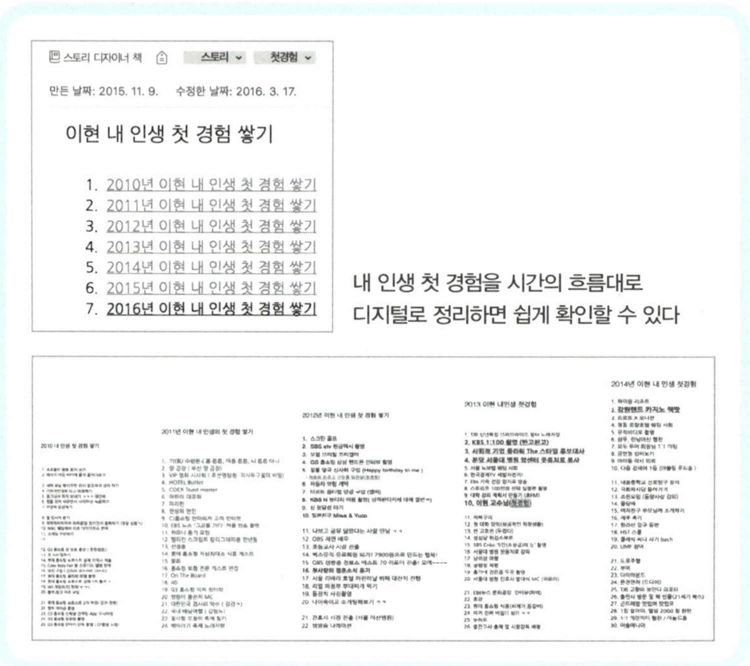

내 인생 첫 경험을 시간의 흐름대로
디지털로 정리하면 쉽게 확인할 수 있다

각 리스트는 링크로 연결되어 제목을 클릭만 하면 쉽게 내용을 확인할 수 있다. 이처럼 디지털로 스토리를 정리해 보면 정보 관리와 검색을 좀 더 쉽게 할 수 있다. 이밖에도 내가 가진 스토리를 상대방에게 공유하거나 한눈에 쉽게 메모를 확인할 수 있다.

#

시간의 흐름으로 정리된 스토리는
시간이 지날수록 더욱 풍성해질 것이다.

앞에서 간단히 언급한 디지털 메모도구인 에버노트에 대해 알아
보자.

1) 에버노트의 설치

에버노트www.evernote.com에 접속하면 프로그램을 다운로드
받을 수 있고, 간단한 가입절차를 거치면 에버노트를 무료로 사용
할 수 있다. 또 스마트폰에서도 에버노트 앱을 설치하면 PC와 동
기화되어 다양하게 활용할 수 있다.

무료로 제공되는 에버노트의 월 업로드 허용량은 60MB이며,
텍스트ㆍ이미지ㆍ문서 등 모든 자료를 한 곳에 모아 업로드할 수

있다. 저장된 모든 콘텐츠는 컴퓨터와 휴대폰에서 즉시 동기화되기 때문에 저장된 노트는 모든 장치에서 바로 활용할 수 있다. 에버노트의 가장 강력한 장점은 빠른 검색이다. Office 문서, PDF, 이미지 안의 텍스트를 검색할 수 있으며, 심지어 손글씨를 찍은 사진도 검색이 가능하다.

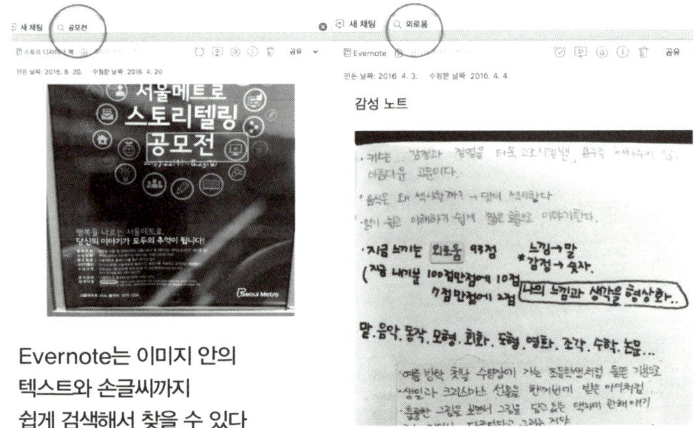

Evernote는 이미지 안의
텍스트와 손글씨까지
쉽게 검색해서 찾을 수 있다

2) 에버노트 웹 클리퍼

웹브라우저 크롬의 확장프로그램인 '에버노트 웹 클리퍼'를 설치하면 원하는 기사를 깔끔하게 스크랩할 수 있다.

크롬 웹브라우저에서 '에버노트 웹 클리퍼'를 검색하여 '크롬에 추가'하면 설치된다. 설치되면 크롬의 오른쪽 상단에 에버노트의

로고인 코끼리 모양이 조그맣게 표시된다.

크롬 → 설정 → 도구 더보기 → 확장 프로그램 → Evernote web clipper

웹 검색을 통해 스크랩하고 싶은 기사가 있으면 화면 우측 상단의 코끼리 로고를 누르면 화면과 같은 창이 뜨는데, 자신이 원하는 기사만 깔끔하게 선택하고 싶으면 '간소화된 기사'를 선택한 후 저장을 누르면 자신의 에버노트 계정으로 기사만 스크랩되어 저장된다. 이렇게 스크랩된 자료는 다른 사람과 쉽게 공유할 수도 있다.

또 포털사이트에서 웹 검색을 할 때 에버노트 안에 연관된 내용
이 있으면 자동으로 연관된 노트를 보여주는 기능도 에버노트의 강
점이다. 새로운 정보를 검색할 때도 유사한 내용의 노트가 있는지
확인이 가능해 정보를 융합하고 재정리할 수 있는 장점이 있다.

웹 검색시 나의 에버노트 안의 정보도 검색해서 함께 보여준다

이처럼 무엇을 어디에 저장했는지 고민할 필요 없이 바로 찾을 수 있도록 자신이 가지고 있는 정보를 한 곳에 모아두는 것은 정보 관리와 검색에 있어 매우 중요하다. 필자의 모든 스토리는 에버노트에 잘 분류되어 저장되어 있어 해당 스토리를 찾는데 불과 몇 초의 시간도 걸리지 않는다. 당신이 중요하게 생각하는 정보를 잘 간직하고 쉽게 검색해서 찾을 수 있다면 당신의 스토리 활용능력은 훨씬 더 좋아질 것이다.

장소로 스토리를 만들어라

#2

당신의 아지트를
공유하라

미국의 사회학자 레이 올든버그Ray Oldenburg가 쓴 저서 〈The Great
Good Place〉에서 제시한 '제3의 공간the third place'은 스트레스 해소,
에너지 충전을 위한 별도의 공간이다. 쉽게 말하면 나만의 아지트다.
어느 공간에 가면 신기하게 마음이 차분하게 가라앉게 되고 편해지는

순간이 한 번쯤은 있었을 것이다. 일터와 집이 아닌 제3의 공간을 통해서도 우리는 에너지를 얻는다. 자신만의 공간에 의미를 부여하며 자신의 스토리를 만든 사람이 있다. 바로 HST그룹의 하석태 대표이다.

지리산 석태나무 이야기

"젊은 시절부터 힘들 때면 늘 지리산을 찾았다. 그리고 그때마다 지리산에서 새로운 에너지를 충전했고 일상으로 돌아와 최고의 성과를 내며 승승장구했다. 나무 한 그루, 바위 하나 등 지리산이 품고 있는 모든 자연들이 마음을 치유하도록 도왔고, 이를 통해 삶의 에너지를 충전했다. 석태 나무, 석태 바위로 명명된 지리산의 나무와 바위도 그렇게 만났다. 〈CEO-TIME〉"

그는 힘들 때마다 찾아갔던 지리산의 나무와 바위에 석태나무, 석태바위라는 이름을 붙이고, 힘들거나 마음이 답답할 때마다 이곳에 와서 펑펑 울기도 하고 하루 종일 멍하니 앉아있다 오면 신기하게도 마음이 치유되는 것을 느꼈다고 한다. 자신만의 공간인 석태나무에서 성장의 에너지를 얻었고, 치유와 성장의 의미를 몸소 깨달았다고 고백한다. 그저 단순한 공간이 아니라 나만의 특별한 공간이라는 생각으로, 공간에 의미를 부여하고 그곳에서 일어났던 감정들과 생각들로 스토리를 만들다 보니 이제는 사람들도 '이곳에 석태나무가 있는데' '이게 석태바위래' 하고 말할 정도로 널리 알려졌다. 하석태 대표는 지금 석태나무가 보이는 곳에 과도한 업무와 스트레스로 심신이 지친 사람들을 돕는 지리산 힐링센터를 열고, 대한민국 최초의 세일즈 스쿨을 만들어 나가고 있다.

'나만의 공간을 가지고 있는가?' 스스로에게 한 번 물어보자. 나만의 공간이 있다면 그곳에서 떠올랐던 생각이나 감정을 정리해 보도록 하자. 마음이 차분해질 때 어떤 생각을 하는지, 나를 괴롭히는 감정은 무엇인지, 혹은 이곳에 함께 오고 싶은 사람이 있는지, 나만의 아지트를 통해 어떤 삶의 에너지를 받았는지, 이곳에 온 이유는 무엇이었는지 등등 자신의 감정을 솔직하게 적어보는 것이다.

만약 제3의 공간이 없다면 어디를 가면 내 마음이 편안해지는지 생각해 보자. 당신이 평소 자주 가는 카페가 될 수도 있고, 혹은 동네 뒷산이 될 수도 있다. 한적한 지하철이 될 수도 있고, 시끄러운 클럽이 될 수도 있다. 장소는 크게 상관 없다. 내가 유독 좋아하거나 맘이 편해지는 장소를 떠올려보는 것이다.

장소를 알려주는 해시태그와 함께 나만의 장소를 나타내는 #아지트를 적어두고 그곳의 사진도 함께 찍어보자. 나만의 아지트에서 힘들었던 순간의 고민들과 마음의 위로를 받고 변화된 나의 스토리를 자연스레 꺼내어 볼 수 있다. 당신의 숨겨둔 비밀공간을 사람들에게 꺼내어 보여주는 것은 상대방의 마음도 열 수 있는 좋은 스토리의 소재가

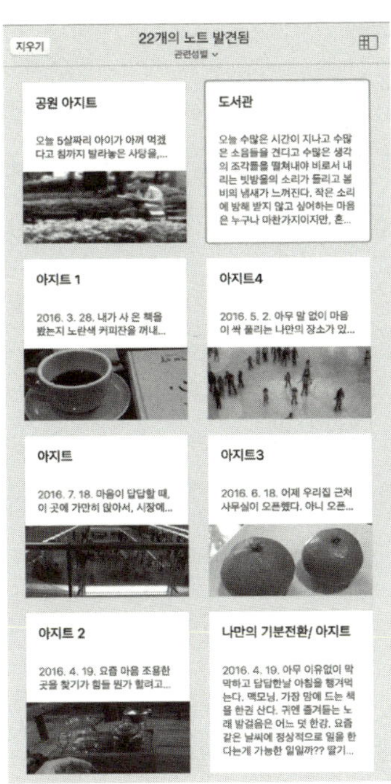

**나만의 아지트를 통해
다양한 스토리를 만들어보자**

될 것이다. 그 공간에 나만의 특별한 의미를 부여해서 진정한 나의 스토리를 만들어보자.

당신의 여행일기를 공유하라

필자는 낯선 곳으로 떠나면 반드시 여행노트를 가지고 다니며 이렇게 저렇게 떠다니는 생각의 조각들을 자유롭게 적는다. 여행일기를 통해 한 가지 깨달은 것은 시간이 지나 여행일기를 보더라도 살아있는 현장의 이야기가 생생하게 그대로 담겨져 있어 그때의 감정과 기분이 세세하게 느껴진다는 것이다. 심지어 글자 안에도 그때의 설렘이 다 담겨있는 듯한 묘한 느낌이 든다. 첫 유럽 배낭여행을 떠난지 10년이 넘었지만, 그때 적어둔 여행일기 덕분에 그 당시에 설렘과 생각들을 다시 꺼내볼 수 있었다. 사진과는 또 다른 느낌이다.

다음의 사진은 처음으로 노숙을 했던 때의 여행노트와 그 당시의 노숙 사진이다. 처음으로 노숙을 하면서 느꼈던 감정, 신문지를 덮고 느꼈던 생각들, 두려움과 새로운 설렘 등 그때의 솔직한 스토리가 적혀져 있다.

이처럼 새로운 장소를 갈 때마다 여행일기를 적어본다면 새롭게 느끼는 생각들의 의미를 찾거나 그 당시 감정의 변화를 생생하게 기억할 수 있다.

여행이라는 단어가 주는 느낌은 각자에게도 다양한 의미를 전달해 줄 수 있다. 먼저 여행이 당신에게 주는 의미를 간단히 적어보자.

예) 도전, 열정, 새로움, 꿈, 희망, 믿음, 나약함, 무지, 변수 , 쉼, 휴식

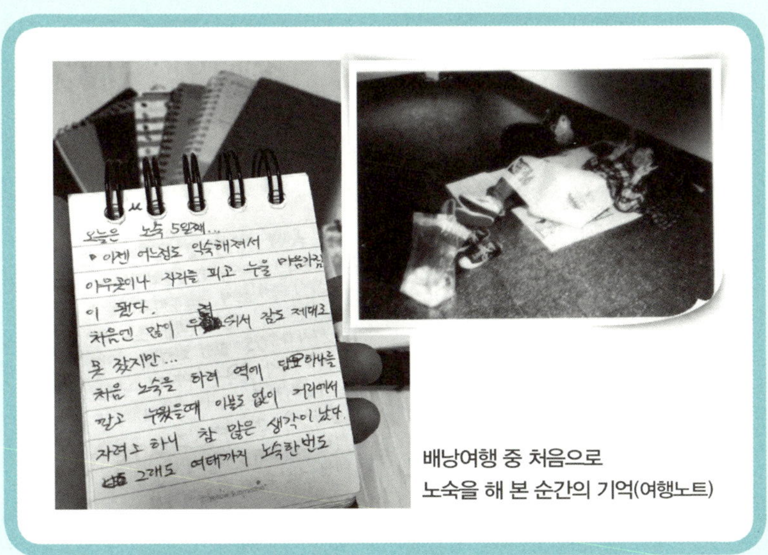

배낭여행 중 처음으로
노숙을 해 본 순간의 기억(여행노트)

"노숙 5일째, 이젠 어느 정도 익숙해져서 아무 곳이나 자리를 펴고 누울 마음가짐이 됐다. 처음 노숙을 하려고 역에 신문지 한 장을 깔고 누웠을 때 '여행을 떠나기 전의 나의 삶은 정말 복에 겨웠었구나' 하는 생각이 들었다. 제대로 씻지도 못하고 잠도 못자서 몸은 힘들지만, 그래도 지금 하는 고생 모두가 너무 재밌고 좋기만 했다. 지금 내가 하고 있는 여행이 내가 그토록 꿈꾸던 거지 같은 배낭여행과 비슷하다는 사실이 감사했다. 유럽 배낭여행을 통해서 느낀 건 행복했지만 행복함을 느끼지 못했던 그때를 반성하게 해준 것, 아주 작은 것들의 소중함을 몰랐던 것, 이 두 가지이다. 여행오기 전에는 전혀 기쁘지 않았던, 너무나 당연했던 모든 것들이 너무나 소중하게 다가왔다."

스토리를 전할 때 생각의 흐름이 고스란히 적힌 여행노트가 있다면 #도전 #열정 #새로움 #꿈 #희망 #믿음 #나약함 #변수 같은 키워드를 나타내는 에피소드를 쉽게 찾을 수 있다. 써놓은 일기를 키워드로 정리해 따로 저장을 해두면, 여행에 대한 생각들을 연관되는 주제의 스토리와 자연스럽게 연결시켜 볼 수 있다.

여행에서 느낀 점은 키워드로 정리해 적어보도록 하자. #변수

이동수단에서의 스토리를
공유하라

하루 중 시간을 제일 많이 보내는 공간이 어디일까? 사무실, 집 그리고 이동하는 교통수단일 것이다. 그럼, 자신의 하루 동안의 이동 동선을 적어보자.

예) 집 - 까치산역 (지하철 2호선) - 역삼역 - 4번 출구 - 사무실

하루 동안 이동하는 동선을 관찰자의 시각으로 살펴보면 재미있는 스토리의 소재들을 찾을 수 있다. 필자가 가장 많은 시간을 보내는 이동수단은 #버스와 #지하철이다. 그리고 이 두 곳은 나에게 책도 읽고, 작사와 작곡 등 다양한 일을 하는 작업장이자 떠오르는 생각들을 기록해 두는 소중한 공간이다.

지하철을 타면 문 위에 붙은 글이나 천정에 붙어있는 광고를 눈여겨 보곤 하는데, 따뜻한 감동을 불러일으키는 글을 보며 글감을 떠올리기도 하고, 지하철 역사 내 광고에서 스토리 공모전 등 다양한 행사 참여의 기회를 얻기도 한다. 또 사람들을 보면서 그들의 삶을 상상해 보기도 한다. 이처럼 지하철에서 벌어지는 일들을 보면서 사람들이 공감할 수 있는 좋은 스토리의 소재를 기웃기웃 찾아볼 수 있다. 사소한 일상의 의미를 부여할 수 있는 가장 좋은 방법은 관심을 가지고 관찰하는 것이다.

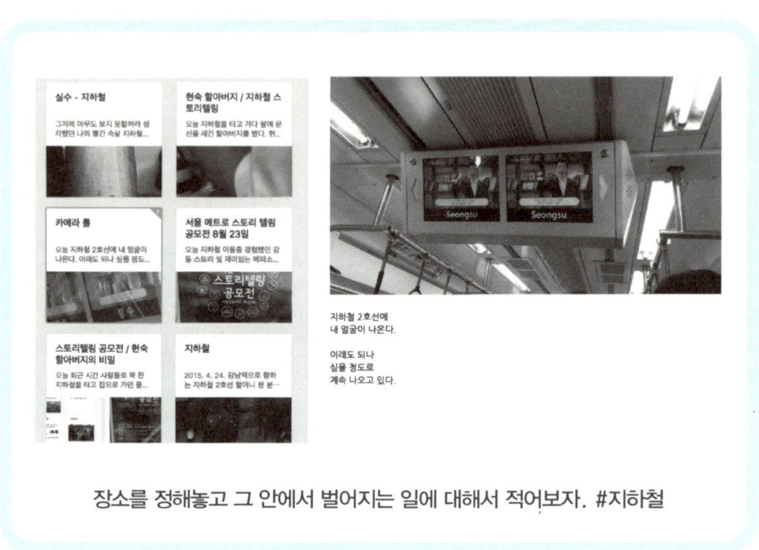

지하철 2호선에
내 얼굴이 나온다.

이래도 되나
싶을 정도로
계속 나오고 있다.

장소를 정해놓고 그 안에서 벌어지는 일에 대해서 적어보자. #지하철

'당신이 내린 역에는 무슨 생각이 있었습니까?'라는 질문과 함께 지하철 안에서의 이야기를 담아낸 작가의 책도 있다. 자신이 자주 이용하는 교통수단에서 이야깃거리를 찾아보려고 눈을 크게 뜨면 많은 스토리가 보인다. 이처럼 매일 출근할 때마다 드는 생각도 좋고, 이동하면서 차 안에서 듣는 음악이나 라디오에서 들었던 이야기도 좋다. 꾸준하게 자신의 이동 동선에서 벌어지는 이야기들을 적어보자.

나의 이동 동선 속에서 유심히 관찰해 보면 소소한 일상 속에서 수많은 스토리의 소재

를 찾을 수 있을 것이다. 혹시 지금 지하철이나 버스 안이라면 고개를 들어 주변 광고를 살피거나 주변에서 벌어지는 모습을 유심히 관찰해 보면서 숨겨진 스토리를 찾아내 보자.

#
나만의 공간에
특별한 의미를 부여하고
당신의 특별한 스토리를
디자인해 보자.

Things
사물로 스토리를 만들어라

#3

작은 사물에
의미를 부여해 보자

다음 사진은 돌잔치 때 자신의 울음을 멈추게 하려고 주었던 단팥빵에
의미를 부여해 현재 자신이 하는 일을 자연스럽게 스토리텔링 한 명함
이다. 이 명함을 통해 그녀가 필연적으로 빵과 관계가 있는 사람처럼
느껴졌고, 오랫동안 그녀를 빵집마케터로 기억할 수 있었다.

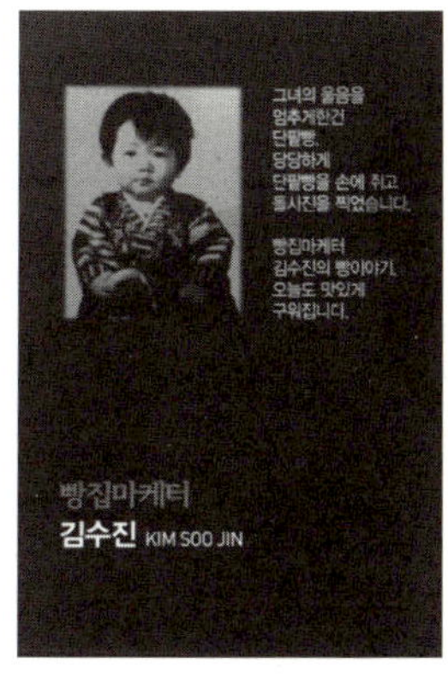

그녀의 울음을 멈추게 한 건

단팥빵.

당당하게 단팥빵을 손에 쥐고

돌사진을 찍었습니다.

빵집마케터, 김수진의 빵 이야기

오늘도 맛있게 구워집니다.

〈빵집마케터 김수진의 명함〉

당신의 주변에 있는 사물을 찾아서 작은 의미를 부여해 보자. 그 사물을 보고 누가 떠올랐는지, 어떤 느낌이 들었는지, 혹시 그것을 사용했던 기억이 있는지 등 당신의 기억이나 추억들을 사물에서 쉽게 떠올릴 수 있다.

너무 거창하게 생각할 필요는 없다. 자신이 유독 아꼈거나 보물처럼 간직했던 물건이 주변에 있는지 살펴보자. 집에 있는 물건들을 유심히 관찰해 보면 반지에서 행복을 떠올릴 수 있고, 구멍난 양말에도 스토리를 담아 낼 수 있다. 사물에 당신만의 의미를 부여해 보자.

" 우리가 힘들때 지금 이 순간을 꼭 기억하자. "

저희가 나눠 낀 반지에는

다이아몬드 가루조차 묻지 않았습니다.

하지만 뭐 그러면 좀 어떻습니까??

정작 중요한 건

다이아몬드 반지가 아니라,

지금 이 행복한 순간들을 잘 기억하고,

예쁘게 잘 살아가는 모습을 보여드리는게

더욱 중요하겠지요.

결혼생활뿐만 아니라

앞으로 살면서

정말 힘이 들 때,

반지에 고이 새겨놓은

우리의 행복을 떠올리겠습니다.

"우리가 힘들 때 지금 이 행복한 순간을 기억하자"

#음파 #반지

가방 속 사물에
의미 담기

'그녀들, 은밀한 핸드백 속 비밀을 공개하는 까닭은?'이라는 흥미로운 제목으로 시선을 끌었던 기사가 있다. SNS에서 열풍이 된 놀이 '인마이백 릴레이'에 대한 내용이다. 평소 자신의 가방 속에 넣어 가지고 다니는 물품들을 꺼내 한 곳에 늘어놓고 사진을 찍어 SNS나 블로그에 올린 후 다음 사람에게 바통을 넘기는 방식이다. '여자는 인생의 모든 순간을 가방에 넣는다' '여자의 가방을 들여다보는 건 그녀의 영혼을 들여다보는 것이다'라는 말처럼 가방 속에 든 물품은 대개 그 사람의 현재의 삶과 밀접한 관련이 있다. 물론 중요한 것도, 사연이 깃든 물품도 있다.

자신의 가방을 보여주고 그 안에 담긴 이야기들을 풀어내는 것은 상대에게 '나는 이런 사람이다'라고 은근하게 드러내고 싶은 심리와 '다른 사람의 가방 속에는 무엇이 들었는지' 훔쳐보고 싶은 두 가지 심리가 숨겨져 있다고 한다. 단순히 일회성 이벤트로 그치지 않고 가방 속의 물건을 통해 다양한 삶의 방식과 취향 그리고 사람들의 소소한 일상 이야기를 풀어낸 스토리는 무엇보다 흥미롭고 재미있게 다가왔다. 인마이백 릴레이는 인스타그램에서도 7만 건이 넘게 사람들이 일상을 기록하듯 자발적으로 이어져 나가고 있다.

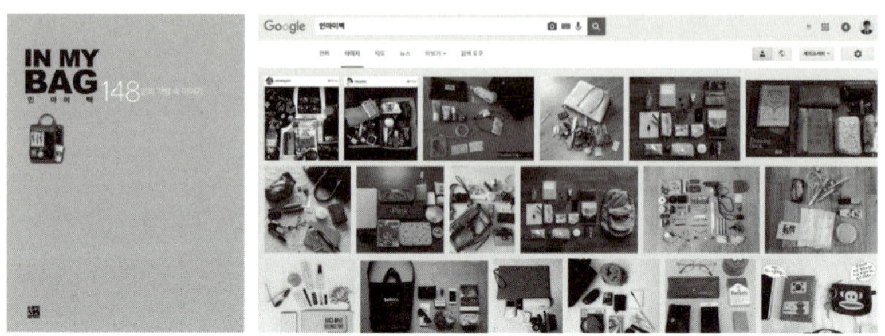

148명의 개성 있는 가방 주인들의 참여로 탄생한 〈인마이백, 148인의 가방 속 이야기〉

자신의 가방을 열어서 늘 가지고 다녔던 물건의 의미를 찾아보면, 처음 사게 된 이유나 혹은 그 안에 담긴 재미난 에피소드들을 발견할 수 있다. 사물에 특별한 의미가 있는지 자신이 가지고 다니는 가방 속 사물의 의미를 찾아보자. 본인이 전할 스토리와의 공통점이나 연결고리를 찾아보고, 스토리를 풀어낸다면 가방 속 사물을 통해서도 멋진 스토리를 만들 수 있다.

숫자에 의미 부여하기

'한국인은 삼세판이지!' '행운의 숫자는 7이지' '앗, 시계를 봤는데 하필 4시 44분이네. 오늘 왠지 불길한데'라는 말을 아마 한 번쯤 듣거나 말해 본 적이 있을 것이다. 단순히 수를 세는 개념을 떠나 숫자는 나름대

로의 상징적인 의미가 있다. 물론 나라에 따라서 다른 의미를 가지기
도 하지만 숫자를 통해서 새로운 의미를 부여하는 것은 마케팅의 용도
로 자주 사용된다. 우리가 흔히 접하는 주민등록번호나 버스 번호 그
리고 플라스틱 용기 속에 적인 숫자에도 알고 보면 많은 의미가 담겨
져 있다.

날짜의 의미를 부여하며 스토리를 만들어간 헤어디자이너의 예를
보자.

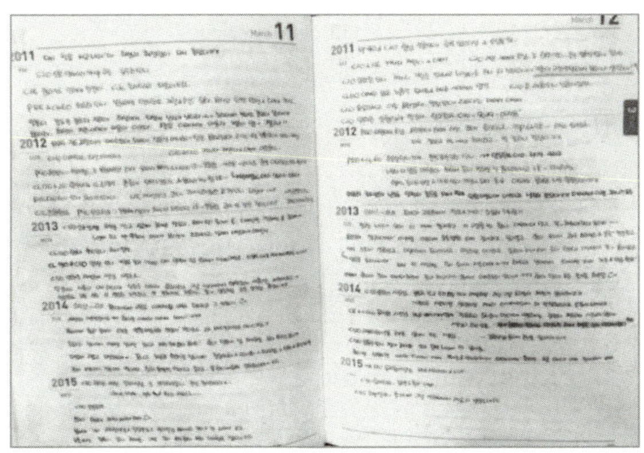

날짜에 의미를 담은 5년 일기장

"한 권의 노트에 5년 일기를 쓰면, 한 페이지에서 5년 동안 있었던
일을 한 번에 볼 수 있어서 재밌어요. 만약 오늘이 3월 11일이면 5
년 동안 일어난 3월 11일의 일들을 다 볼 수 있어요. 지난해 온 손
님이 1년이 지나 같은 날 오는 신기한 일도 있어요. 그럴 때 '작년
오늘이 무슨 날인지 아세요' 하면서 그날의 이야기를 풀어가면 손

또한 SNS에서도 과거의 오늘 날짜에 의미를 붙여 스토리를 만드는
방법이 있다. 그냥 흘러갈 수 있는 날짜에 의미를 붙여 특별한 날로 만
들 수 있는 방법으로, 페이스북의 '과거의 오늘'이라는 기능이다. 자신
이 올렸던 글을 기준으로 1년, 2년, 3년 전 오늘 날짜에 있었던 일을
표시해 주며 그 글에 지금의 생각을 추가해서 타임라인에 다시 공유할

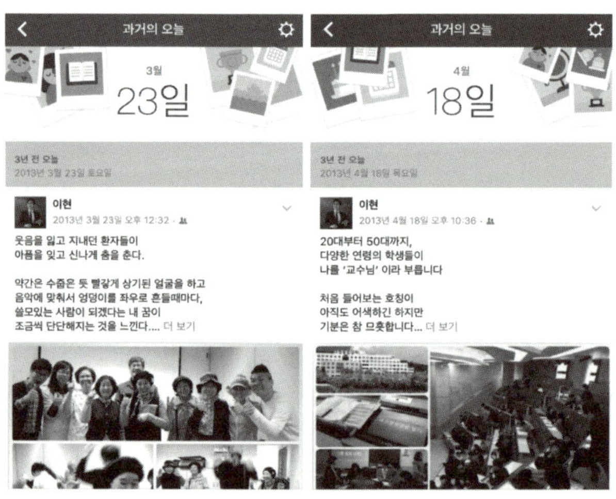

과거의 오늘을 통해 숫자의 의미를 부여해 보자

수 있다. 그럼, 그때의 생각과 기억을 통해서 또 다른 생각의 변화나 나만의 새로운 스토리를 펼쳐 볼 수 있다.

스마트폰 어플을 통해서도 쉽게 날짜의 의미를 찾아볼 수 있다. 'Our History'는 오늘 날짜의 의미를 쉽게 찾아보거나 공유할 수 있도록 오늘의 역사가 나오는 앱이다. 오늘 날짜를 기준으로 예전에 있었던 역사적 사건을 한눈에 보여준다. 이 앱을 통해 자신이 전하려는 내용과 어울리는 오늘의 의미를 찾아보고, 연결시켜 보면 또 하나의 멋진 스토리를 만들 수 있다.

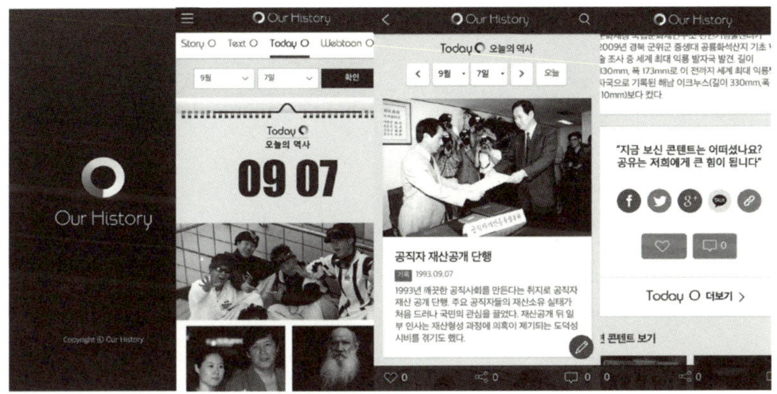

오늘 날짜의 특별한 역사를 찾아서 나의 스토리와 연결시켜 보자

자신의 SNS에 '82748'이라는 평범한 숫자를 통해서 #가족이라는 스토리를 공유한 사례도 있다.

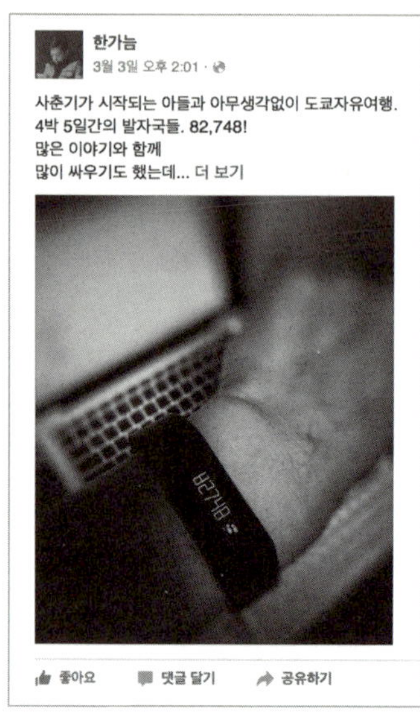

"원래 이 스마트밴드는 하루가 넘어가면 숫자가 0으로 리셋되는데, 신기하게도 여행기간 동안에 숫자가 한 번도 리셋되지 않았어요. 실제로 이런 일이 없었는데, 4박 5일 동안 계속 쌓인 82748걸음의 숫자를 보니 기계 고장이 아닌가 할 정도로 신기하더라구요. 아이들과 함께 떠난 발걸음이 하나하나 지워지지 않게 추억하고 기억하라는 의미 같아서, 82748이란 숫자가 특별하게 느껴졌습니다."

이 사진과 함께 그의 타임라인의 스토리를 보면서 '82748'이라는 숫자는 사춘기 아이들과 함께 보낸 여행의 시간을 담아내기에 충분한 숫자였음이 느껴졌다. 이처럼 평소에는 아무 의미 없이 지나칠 수 있는 숫자에도 의미를 부여하면 새로운 나만의 스토리가 만들어진다.

나를 나타낼 수 있는 상징적인 숫자가 있는지 한 번 찾아보자. 사람들은 의미가 부여된 숫자의 이야기를 관심있어 한다. 다음은 필자가 ○○홈쇼핑의 면접시 1분 자기소개를 할 때 숫자에 의미를 붙여 스토리를 디자인한 예이다.

50번째 프로포즈에 성공한 남자.

5000번 여성 앞에 무릎을 꿇은 남자.

50000명 고객의 고민을 해결해 준 남자! 안녕하세요 이현입니다. 저는 프로포즈 가수 활동을 하면서 50쌍의 커플을 부부로 탄생시키며 여성의 마음을 감동시키는 방법을 배웠습니다. 또한 숙녀화를 판매하면서 여성 고객의 지갑을 여는 방법을 배웠습니다. 현재는 CJ오쇼핑 고객상담원으로 일하면서 수많은 고객의 고민을 해결해 주었습니다. 이 모든 것은 여성이 주고객인 ○○홈쇼핑의 쇼호스트가 되기 위한 저의 과거입니다. 이제는 ○○홈쇼핑과 함께 저의 미래를 펼쳐보고 싶습니다.

숫자로 기억된 스토리는 오랫동안 사람들의 기억에 남는다. 당신의 스토리를 뒷받침해줄 숫자가 있는가? 없다면 한 번 찾아보자. 숫자에 징크스가 있거나 자신이 유독 좋아하고 싫어하는 숫자가 있는지 생각해 보고 '왜 그렇게 되었을까?' 질문을 던져보며 나를 나타낼 수 있는 상징적인 숫자를 찾아보자.

Keyword
키워드로 스토리를 만들어라

#4

강력한 키워드를
챙겨라

평생 물질을 한 해녀들도 1년에 몇 명은 물숨을 쉬고 바다에서 죽는다. 죽을 줄 알고 쉬는 물숨, 왜 해녀들은 물숨의 치명적인 유혹을 참지 못하는 것일까? 물숨은 해녀들이 숨을 참고 참다가 내쉬는 죽음의 숨이다. 한 나이 든 해녀는 "해녀들만이 물속에서 쉴 수 있는 고유의 것"이라고 물숨을 표현했다. 물숨은 해녀들이 물속에서 '좋은 물건'을 발견했을 때 내는 마음의 숨이다. 그 숨을 내쉬지 못하고 삼키는 순간, 곧 죽음에 이른다. 해녀들은 안다. 욕망에 사로잡히는 순간 바다는 무덤이 되고, 욕망을 다스리면 바다는 인생의 넉넉한 품이 된다는 것을. 그래서 오래된 해녀들은 딸에게 맨 먼저 물숨부터 피하는 방법을 가르쳐준다고 한다. "욕심을 내지 말고 숨만큼만 따. 눈이 욕심이야. 욕심을 잘 다스려야 해."

(출처 : http://m.media.daum.net/m/media/society/newsview/20150601140017079)

키워드만로도 강력함을 주는 단어가 있다. #죽음 #욕망 #무덤 등 하나씩 강력한 키워드를 포함하는 스토리를 찾아보자. 특히 #죽음과 같은 강력한 키워드는 스토리를 풀어낼 수 있는 좋은 소재로 사용된다. 예를 들어보자.

"저는 임종 체험을 통해 죽음을 경험하고 삶이 완전히 바뀌었습니다. 죽기 직전에 떠올랐던 수천 가지의 생각들 중 유독 사랑하는 아들의 모습만 떠오르지 않았습니다. 그때 바쁘게 일만 하느라 아들과 제대로 놀아준 적이 한 번도 없다는 걸 깨달았습니다. 만약 내가 다시 살게 된다면, 사랑하는 아들과 함께 더 많은 시간을 보내기로 스스로 약속을 했죠. 그 약속을 한 이후, 5년 동안 빠짐없이 매주 목요일은 아들과의 시간을 보내고 있습니다. 제가 강의하는 스마트워크의 의미는 바로 가족입니다. 효율적으로 시간을 단축해서 그 남는 시간을 사랑하는 사람들과 함께 나누는 것이죠."

죽음의 경험을 통해 자신의 삶의 가치를 발견한 한국평생교육원 구기모 이사

자신이 어떤 삶의 가치를 가지고 있고, 현재 자신이 소중하게 여기는 것은 무엇인지, #죽음이라는 강한 키워드를 통해 스토리를 풀어낸 구기모 이사의 스토리는 오랫동안 강렬한 기억으로 남았다.

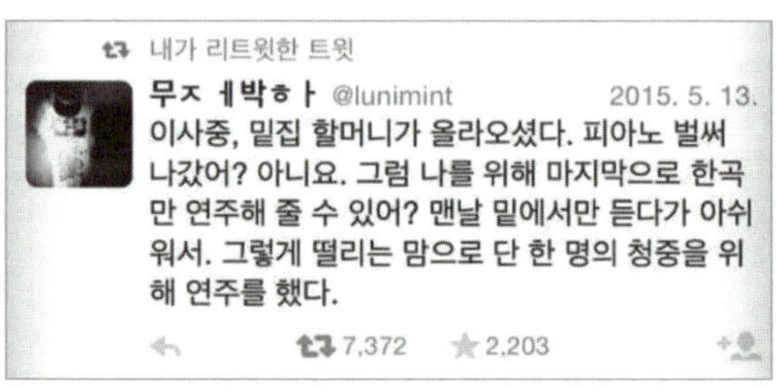

트위터에 위와 같은 글이 올라왔다. 할머니에 관련된 이야기다. 만약 할머니가 아닌 젊은 아저씨가 올라 왔으면 이 스토리는 어땠을까? 아마 깊은 감동을 주기는 어려웠을 것이다. 키워드가 주는 힘은

강력하다. 할머니라는 강력한 키워드를 통해 나의 스토리를 만들어
보았다.

쉴 새 없이 돌아가는

카지노의 슬롯머신 앞에서

내가 본 가장 충격적인 모습은

술과 담배에 절은 아저씨들의

퀭하고 초점 없는 눈이 아니라,

어디서나 흔히 볼 수 있는

이웃집 할머니들의 간절한 눈빛이었다.

#카지노 #할머니 #희망

이처럼 다른 글이나 내용을 통해 강력한 키워드를 찾아냈다면 그
키워드를 가지고 나의 스토리를 적용해 보자. 그리고 또 다른 키워드

와 한 번 연결해 보는 것이다. #죽음 #할머니 #욕망 등 함께 떠오르는 강력한 키워드를 에피소드별로 적어 정리해 두면 여러 형태의 스토리와 함께 결합해서 사용할 수 있다.

키워드를 확장하라

JTBC 〈학교 다녀 오겠습니다〉라는 프로그램에서 한 편의 시를 함께 읽는 수업시간의 모습이 방송됐다. 안도현 시인의 〈스며드는 것〉이라는 시를 읽던 중이었다. 조용히 시를 읽던 탤런트 홍은희는 갑자기 눈물을 펑펑 쏟았다.

이 시를 읽으며 그녀가 공감을 느꼈던 이유는 꽃게를 단순한 음식으로 보지 않고 자식을 감싸는 #엄마의 #사랑, 즉 #모성애를 느꼈기 때문이다. 안도현 시인은 뱃속의 알을 껴안는 꽃게에서 엄마의 모성애를 보았다. 두 아이의 엄마이기도 한 배우 홍은희는 먹먹한 마음으로 죽어가는 꽃게의 대화에서 자식을 향한 엄마의 무한한 사랑을 먹먹한 마음으로 공감할 수 있었다. 단순하게 엄마와 자식의 대화가 아닌 우리에게 친숙한 음식인 #꽃게를 빗대어 #모성애라는 키워드로 의미가 확장되면서 부모의 자식에 대한 헌신적인 사랑을 느낄 수 있었다.

꽃게가 간장 속에

반쯤 몸을 담그고 엎드려 있다

등판에 간장이 울컥울컥 쏟아질 때

꽃게는 뱃속의 알을 꺼안으려고

꿈틀거리다 더 낮게

더 바닥 쪽으로 웅크렸으리라

버둥거렸으리라 버둥거리다가

어찌할 수 없어서

살 속에 스며드는 것을

한때의 어스름을

꽃게는 천천히 받아들였으리라

껍질이 먹먹해지기 전에

가만히 알들에게 말했으리라

저녁이야

불 끄고 잘 시간이야.

〈스며드는 것 - 안도현〉

이처럼 키워드를 확장하게 되면 좀 더 쉽게 스토리를 만들어 볼 수 있다. 예를 들어보자. 다음은 음식점에서 상차림으로 나온 고추와 바구니를 보고 다음의 순서로 키워드를 확장해 본 것이다.

- #고추 → #자극 → #상처
- #바구니 → #빨강, #파랑 → #남과 여
- #사랑 → #마음 → #싱거운

'맵고 짜고 신 음식들은 자극적이다. 자극적인 음식은 혓바닥을 쎄하게 찌려 놓고 얼마 지나지 않아 사라진다. 자극적인 사랑 또한 서로의 마음을 퀭하게 만들고 얼마 지나지 않아 잊혀진다. 허나 불행히도 그 자극에 익숙해지면 점점 더 심한 자극을 찾게 되는 악순환에 빠진다. 자극적인 사랑이 남긴 못난 바람들은 거리낌 없이 다음 사랑에 묻어 나오고, 쉬이 채워지지 않는 갈증에 목이 마른 듯, 우리는 늘 서둘러 다른 사랑을 찾게 된다. 하지만 몸에 좋은 음식은 그리 자극적이지 않듯이, 마음에 좋은 사랑은 서로에

게 조금 싱거워야 할 필요가 있다.'

#마음 #사랑

일상생활을 하면서 벌어지는 일도 마인드맵처럼 자유롭게 연상하다 보면 좋은 스토리의 소재가 나온다.

내가 싫어하는 것을 떠올려 보고, 좋아하는 것과 싫어하는 것을 엮어서 하나의 스토리를 만들어 볼 수도 있다. 이것을 왜 좋아하고 왜 싫어하게 되었는지 두 개의 사건을 곰곰이 생각해 보고 두 개의 키워드 사이에 연관성을 찾아보자. 그냥 이유 없이 싫은 경우도 있긴 하지만 대부분은 싫어진 이유가 있기 때문이다.

연관 없는 키워드를 관련짓는 것도 좋은 스토리텔링이 된다. 따라서 전혀 상관없거나 반대되는 키워드를 섞어 보고 또다른 스토리를 만들어 보자. 누구나 많은 스토리를 가지고 있지만 기록해 놓지 않는다면 소중한 감정·사건·기억·추억들은 희미하게 사라져 갈 것이다. 간단한 키워드 형태로 생각의 흐름을 적어두고 키워드에 살을 붙여보자. 구성에 따라 스토리를 잘 디자인해 놓는다면 스토리텔러로서 역할은 충분히 해낼 수 있다고 생각한다. 당신의 스토리가 차곡차곡 쌓여 디자인되어 있다면 당신의 스토리를 꺼내 말하고 싶은 때가 반드시 찾아올 것이다.

평소에 글쓰기가 습관이 안 된 사람이라면 스마트폰에 글쓰기 관련 앱을 설치하여 글쓰기를 습관화해 보자. 필자는 '씀'이라는 글쓰기 앱을 사용하는데, 글쓰기를 습관화할 수 있는 좋은 방법이다. '씀'은 하루에 두 번, 영감을 주는 글감을 제공한다.

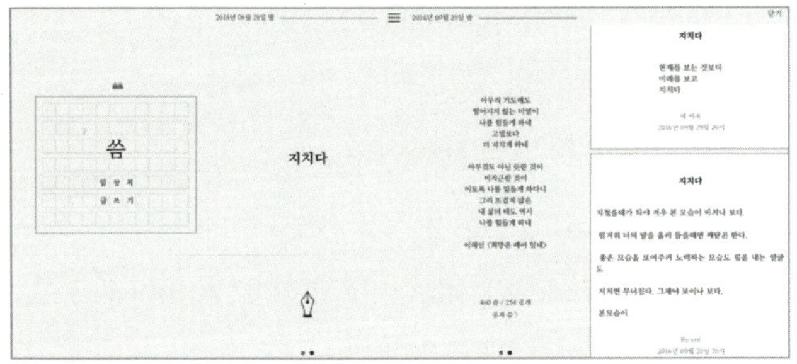

제시되는 키워드에 대한 당신의 생각을 정리해 볼 수도 있고, 내가 쓴 글을 공개해서 다른 사람과 자신의 생각을 공유해 볼 수도 있다. 글쓰기가 부담스러운 사람은 공개를 하지 않고 편하게 자신의 생각을 정리할 수 있다.

메뉴 중 '공개 씀'을 보면 다양한 글감(키워드)을 검색해 볼 수 있다. 자신이 원하는 키워드를 입력해 검색을 하거나, 원하는 글감을 선택해서 글을 쓰거나 남들이 공개해 놓은 글들을 보면서 다양한 생각이나 영감을 나눌 수 있다는 장점이 있다.

해당 키워드와 관련
된 나의 스토리를 써보
고, 공개하기를 선택하
면 다른 사람들도 내가
쓴 스토리를 볼 수 있다.
자신이 어떻게 스토리를
만들고 소재를 찾아야 하

는지 모른다면 우선 해당 앱을 설치하고 주어지는 키워드에 따라
하나씩 글로 적어보는 습관을 들이도록 하자. 다른 사람들은 해당
키워드를 어떻게 생각하는지 비교해서 본다면 당신의 스토리는 더
욱 풍성해질 것이다.

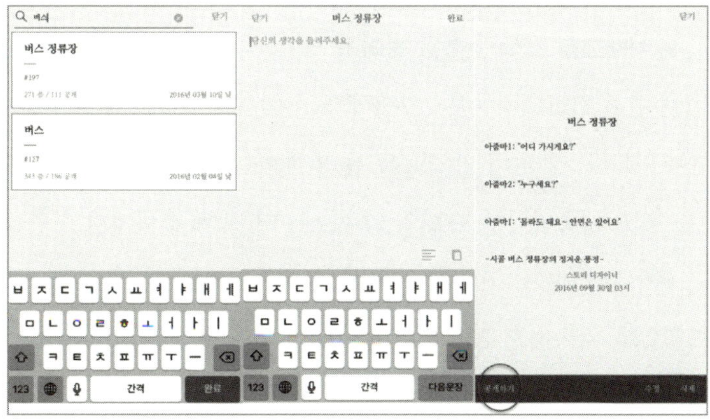

<u>해시태그를 활용하는 10가지 꿀팁</u>

지금까지 해시태그가 왜 필요한지와 해시태그를 활용해 스토리를 디자인하는 방법을 살펴보았다. 그럼, 이 책을 마치며 해시태그를 활용하는 10가지 꿀팁을 살펴보도록 하겠다.

1. 해시태그로 검색 노출을 높여라

검색에 최적화되어 있는 구글에서는 인스타그램에 올린 #해시태그도 검색된다. SNS에 게시물을 올릴 때마다 당신을 나타내는 해시태그를 함께 사용한다면 당신의 키워드는 더 많이 검색에서 노출될 것이다. #가위남(가족을 위해 요리하는 남자)처럼 자신만의 특별한 해시태그 키워드를 지속적으로 사용하면 자신만의 고유한 브랜드를 만들 수 있다.

2. 인스타그램의 인기 해시태그를 활용하자

각 분야마다 사람들이 자주 검색하는 인기 해시태그가 있다. 음식이면 #먹스타그램 #맛스타그램 #오늘뭐먹지, 패션이면 #데일리룩 #style, 인물 사진이면 #셀스타그램 #얼스타그램 등 각 주제마다 인기 있는 해시태그를 사용해 보자. 인기있는 해시태그를 사용해 보면서 반응을 살펴보고 자신이 주로 쓰는 해시태그를 분야별로 정리해 놓자. 인스타그램에서 인기있는 해시태그 리스트https://top-hashtags.com/instagram/를 참고하는 것도 좋다.

3. 글의 용도를 구분해서 해시태그를 달아라

필자의 페이스북에는 게시물의 용도에 따라 각기 다른 해시태그가 적혀있다. 예를 들어 필자의 개인적인 글에는 모두 #스토리디자이너_이현이라는 해시태그가 달려있다. 그리고 이 해시태그를 누르면 그동안 필자가 올렸던 개인적인 글만 따로 모아 볼 수 있다. 이처럼 자신의 게시하는 글의 용도(개인, 광고, 정보제공, 직업 등)를 구분해서 해시태그를 달아 놓는다면 상대방도 나의 게시물을 분야별로 쉽게 구분해서 볼 수 있다.

4. 인스타그램의 자동연관기능을 활용하자

인스타그램에서 해시태그를 입력하게 되면 연관된 해시태그와 게시물의 수를 자동으로 확인할 수 있다. 특정 해시태그를 사용한 게시물이 많다면 그만큼 해당 해시태그로 검색하는 사람이 많다는 뜻이다. 따라서 자동으로 추천되는 연관 해시태그를 통해 키워드와 게시물 수를 확인해 가며 사용한다면 해시태그의 노출을 높일 수 있다.

5. 해시태그의 양을 최소화하자

인스타그램은 하나의 게시물에 최대 30개의 해시태그를 사용할 수 있으며, 해시태그가 30개를 초과하면 글은 게시되지 않는다. 이처럼 해시태그가 많다고 좋은 것은 아니다. 처음에는 해시태그를 10~15개 정도로 사용하는 것이 적당하고, 팔로워가 늘어나면 3~5개 정도로 꼭 필요한 해시태그만 사용하도록 하자.

6. 주제를 함축적으로 요약하자

#오늘#기분이#좋아서#놀러#나왔어요#너무#신나요처럼 모든 단어마다 해시태그를 붙일 필요는 없다. 해시태그는 자신이 전하고자 하는 하나의 핵심 주제를 벗어나지 않게 #단어 형태로 통일성 있게 적어 주는 것이 좋다. 신문 사설이나 책을 읽고 주요 내용을 3가지 이내의 해시태그로 요약해 본다면 많은 도움이 될 것이다.

7. 해시태그를 보기 쉽게 만들자

해시태그는 공백 없이 한 단어로 구성되어야 한다. #대한민국푸드송가수마블링처럼 너무 긴 단어를 사용하면 글자가 한눈에 쉽게 들어

오지 않으니 언더바(_)나 콤마(,)를 사용해 구분을 해줄 필요가 있다. #대한민국_푸드송가수_마블링 혹은 #스토리디자이너_이현, #스토리디자인_1기처럼 의미를 구분해서 언더바나 콤마를 사용하면 긴 해시태그도 보기 쉽게 만들 수 있다.

8. 해시태그를 통해 그룹을 관리하자

해시태그 키워드를 통해 모임 사람들을 그룹으로 관리할 수 있다. 예를 들어 모임의 이름과 기수 #스토리디자인_1기, #스마트워크_16기처럼 해시태그를 만들어 모임의 사진이나 영상을 해시태그와 함께 SNS에 올리면 해당 해시태그 검색을 통해 모임의 소식을 쉽게 SNS에서 관리할 수 있다.

9. 해시태그 이벤트를 통해 고객을 관리하자

가게 상호, 위치, 대표메뉴(#시골애 #노원 #낙지볶음)를 포함하는 해시태그 이벤트를 통해 가망고객을 관리해 보자. 가게에 방문한 손님이 이벤트에 참여하면 위의 해시태그를 검색해 고객을 팔로잉하고 지속적으로 댓글과 관심을 표현하며 소통을 하자. 또한 24시간만 공개되는 인스타그램 스토리를 통해 해시태그 이벤트를 진행하면 단골 고객의 관심을 끌어낼 수 있다.

10. 유튜브에서도 해시태그를 사용해라

유튜브에서는 제목, 본문, 태그 형태로 나눠져 있기 때문에 해시태그의 기능을 태그가 대신한다. 유튜브에 계정을 가지고 있다면 영상을 업로드시킬 때 본문에 해시태그를 사용하고, 태그에도 마찬가지로 동일한 키워드를 입력하면 검색 결과에 키워드를 포함한 영상을 확인해볼 수 있고 해당 콘텐츠의 노출 기회를 늘릴 수 있다.

# #

Hashtag